KB139906

# 한국 리더십 윤리문화

# 한국 리더십 윤리문화

조현봉 지음

KSi 한국학술정보(주)

현대사회는 리더십의 시대이다. 오늘날 리더십은 현대인의 필수적인 품성이자 기본자질로 인식되고 있다. 가정에서부터 국가에 이르기까지, 소규모 조직에서 대기업이나 국가 조직에 이르기까지 사람과 조직, 임무와 역할이 있는 곳이면 어김없이 리더십이 강조되고 있다. P. F. Drucker는 "현대사회에서 리더십은 조직의 경영에서 핵심이며, 리더십을 대체할 만한 것은 아무것도 없다"라고 강조한 바 있다. 오늘날 사람들은 리더십을 개인에게 있어서는 성공비결로, 조직에 있어서는 구성원의 헌신과 목표 달성의 수단으로, 정치에 있어서는 권력을 획득하고 유지하는 데 중요한 관건으로 생각하고 있다.

리더십은 오래전부터 인간의 중요한 관심사의 하나로 인식되어 왔다. 리더십에 대한 연구가 체계적으로 이루어진 것은 불과 100여 년에 지나지 않지만 그간 다양한 리더십 이론이 개발되고 발전되어 왔다. 하지만 오늘날 리더십은 개인이나 조직, 그리고 사회의 기대와 요구를 제대로 충족시키지는 못하고 있다. 목적 달성을 위한 유효성 차원뿐만 아니라 리더십 과정의 정당성, 그리고 급변하는 문화적 가치에 대한 적실성 등 리더십의 한계와 갈등은 오히려 더 심화되고 있는 실정이다.

오늘날 우리 사회에는 올바르지 못한 리더와 리더십으로 조직이나 사회 전반에 걸쳐 부작용과 폐해가 빈번히 발생하고 있다. 국가나 사회 지도층의 잘못된 리더십 행태뿐만 아니라 영리나 사리만을 추구하는 일부 기업가나 경영자들의 잘못된 경영관행이나 의사결정 과정에 대해서도 사회적으로 비난의 목소리가 높아지고 있다. 국가나 공공 기관장들이 인사 검증과정에서 도덕성의 결함으로 나마하는 사례도 자주 일어나고 있다. 이는 우리 사회에서 리더의 도덕성과 리더십의 윤리성 문제가 심각한 수준에 이르고 있음을 단적으로 보여 주고 있다.

이러한 현상에 대해 식자들은 '리더십의 부재' 또는 '리더십의 총체적 위기'라고 지적한다. 단순히 개인적인 도덕성이나, 사회적인 메커니즘(mechanism)의 문제만이 아니라 근본적으로 리더와 리더십에 대한 잘못된 이해와 인식에서 비롯된 문제라고 보는 견해가 많다. 이에 따라 최근에는 리더십에 대한 올바른 이해와 접근의 필요성이 제기되고 있다. 리더십은 단순히 기술이나 기법 등과 같은 현상적인 차원이 아니라 원리나 성격 등 리더십의 실체에 대한 보다 근본적이고 종합적인 접근이 필요하다는 것이다.

역사적으로 고대 서양의 철학자나 사상가들은 리더십을 근본적이고 포괄적인 관점에서 통찰하고 있다. 리더십 연구의 기원이라고 할 수 있는 고대 희랍의 철학자 Platon은 이성적 성찰을 통한 철인의 지혜를, Aristoteles는 연륜과 경험에서 우러나오는 실천적인 지식을 제시하지만 두 사람 모두 도덕적 정당성을 리더십의 덕목으로 강조하고 있다. 동양에서도 공자(孔子)와 맹자(孟子)는 수기치인(修己治人)이라는 인간적 완성을 통한 도덕정치를, 손자병법(孫子兵法)이나 육도삼략(六韜三略) 등은 장수의 인륜(人倫)을 중시하고 있다. 이와 같이 동·서양의 고대 철학자나 사상가들은 모두 리더의 도덕성과 리더십의 윤리성을 리더와 리더십의 핵심 요소로 인식하고 있었다.

리더십 실제에 있어서도 위대한 군주나 지도자들은 치국이나 치인의 기본이념으로 정의나 덕, 선 등 도덕성과 윤리성을 리더십의 기본 덕목으로 삼고 이를 구현하려고 하였다. 군주가 덕치를 할 때 백성들은 이를 적극 지지하고 추종했지만 자신이나 특정 집단의 사리나 사욕을 위해 권력을 행사할 때는 권모술수(權謀術數)나 패도(覇道) 등으로 폄훼당하거나 비판을 받았던 것이다. 이러한 리더십의 이념적 기조가 근본적으로 변질되거나 약화되기 시작한 것은 19세기 중반에 근대 산업사회의 발전과 함께 효율성이 중시되는 사회적 요구에 따라 미국을 중심으로 경영, 행정 등 전 영역에 걸쳐 보편화된 과학적 관리기법의 영향이라고 할 수 있다.

과학적 관리기법에 바탕을 둔 당시의 리더십은 리더십의 유효성을 어떻게 해결할 것인가 하는 방법론에 치중하여 접근함으로써 리더의 도덕성과 리더십의 윤리성이 경시되거나 간과될 수밖에 없었다. 이에 따라 리더는 막강한 권한의 일방적 행사자로서, 리더십은 효과적인 성과 창출의 수단으로 인식되고, 구성원은 목표 달성을 위한 하나의 도구로 전락하였다. 오늘날 우리 사회에서 리더십은 도덕성이나 윤리성보다 사회생활이나 조직생활에서의 교제술, 성공이나 출세의 수단 등으로 잘못 인식하는 경향이 일반화되고 있다. 이러한 잘못된 인식은 결국 정치, 경제, 사회 등 리더십 현장에서 리더의 부도덕성과 리더십의 비윤리성으로 나타나고 리더와 리더십에 대한 불만과 불신으로 표출되고 있다.

오늘날 리더십에 있어서 '어떤 것이 올바른 리더십인가'가 중요한 관심사로 부각되고 있다. 최근에 일부 기업이나 국가, 공공기관 등을 중심으로 올바른 리더십에 대한 관심이 높아지고 있다. 리더십 관련 학계에서도 기존의 리더십에 대한 재인식과 함께 리더십에 대한 사회적 요구를 반영하기 위한 새로운 시도들이 나타나고 있다. 리더십에 있어서 윤리성을 리더십의 핵심요소로 파악해야 한다는 새로운 인식이 형성되고 있다. 1998년 미국의 Kellogg 재단이 발간한 『윤리, 리더십의 핵심(Ethic, the Heart of Leadership)』이 그 시발점이다. 이와 함께 '리더가 무엇을 해야 하는가'보다 '리더란 무엇인가'라는 근본적 명제에 대한 관심을 강조하는 주장들이 제기되고 있다. 이러한 인식은 도덕적으로도 올바르면서 기술적으로도 올바르고 동시에 효과적인 리더십이어야 한다는 현대사회의 리더십에 대한 절실한 요구와 기대를 반영한 것이기도 하다.

그러나 현대의 리더십 문제는 리더의 도덕성이나 리더십의 윤리성 등에 대한 강조만으로 더 이상 감당하기 어려운, 보다 근본적인 문제에 직면하고 있다. 현대 리더십에 있어서 근본적인 문제는 리더십의 윤리적 당위와 실제의 문화적 가치 간에 발생하는 괴리로 인한 적실성의 한계를 어떻게 극복하느냐 하는 것이다. 이러한 문제를 해결하기 위해서는 리더십을 유효성 차원에서만 접근할 것이 아니라 리더십의 바탕이 되는 리더십의 당위와 실제의 문화적 가치라는 보다 근본적인 차원에서 접근할 필요성이 제기되고 있다.

오늘날 한국사회에서 리더십은 오래전부터 전승되어 사회 전반에 자리 잡고 있는 동양의 윤리적 당위와 민족의식에 바탕을 둔 전통적 가치, 그리고 서구의 과학적 사고에 기초한 현대적 리더십 요소가 혼재된 독특한 양상을 띠고 있다. 한국의 리더십 실제에서 나타나고 있는 가장 현실적인 문제는 리더십의 윤리성 곤궁과 문화와의 융화이다.

이는 리더십의 윤리적 당위의 붕괴와 실제의 문화적 가치의 혼란 등에서 비롯된 결과라고 할 수 있다. 이러한 문제는 한국 리더십의 윤리적 당위에 대한 올바른 인식과 리더십의 문화적 가치와의 조화를 통해 극복할 수 있는 것이다.

이런 차원에서 이 책은 리더십의 윤리적 이상의 당위와 실제의 문화적 가치의 균형적 조화를 통한 리더십의 진정한 영향력을 도출하기 위한 방법으로서 리더십에 대한 '윤리문화적' 접근을 제시하고 있다. 이러한 접근은 리더십을 하나의 윤리문화적 틀 속에서 작동하는 원리와 현상으로 파악하고 '윤리문화'라는 새로운 관점에서 리더십을 고찰하려는 것이다. 이를 통해 현대 리더십의 담론이 윤리문화적으로 어떠한 의미를 가지고 있고, 한국의 상황에 어떻게 적용될 수 있으며, 한국의 리더십 발전에 어떤 통찰을 제공해 줄 수 있는가를 제시하려고 한다. 여기서는 리더십에 대한 효과를 검증하는 것이 아니라 리더십의 실제에 함의되어 있는 윤리문화적 메커니즘을 식별하고 이를 해석하고 검증하는 데 초점을 맞추고 있다.

이를 위해 먼저 리더십의 핵심요소를 관계, 과정, 기술로 설정하고 각 요소별로 윤리적 이상의 당위와 실제의 문화적 가치를 균형적으로 조화시키는 리더십의 덕목과 윤리문화를 도출하는 윤리문화적 틀을 구축하였다. 이러한 접근틀에 기초하여 한국 리더십의 윤리적 당위와 실제의 문화적 가치를 규명하고 이를 균형적으로 조화시키는 리더십의 덕목과 윤리문화를 도출하였다. 그리고 이러한 접근방법의 실효성을 리더십 사례연구를 통해 예증하고 아울러 윤리문화적 리더십의 개발과 습득을 위한 방법과 오늘날 한국 리더십의 당면 과제에 대한 해결 방향을 제시하였다.

각 장의 주요 내용은 다음과 같다.

제1장은 현대사회와 리더십의 상황을 개관한 것으로서, 현대 리더십의 환경과 패러다임의 변화를 살펴보고 오늘날 우리 사회에서 제기되고 있는 리더십에 대한 기대와 요구를 파악하여 이를 통해 현대 리더십의 연구방향을 모색하고 있다.

제2장은 현대 리더십의 이론적 배경으로서, 현대 리더십 이론의 발전과정과 리더십 개념의 정립, 그리고 오늘날 리더십의 연구에 있어서 윤리적 접근, 문화적 접근의 성격과 그 한계를 고찰하고 이를 통해 현대 리더십에 대한 관점이나 인식이 어떠한 방향으로 변화, 발전하고 있는가에 대한 방향성을 확인하려고 하였다.

제3장은 현대 리더십의 윤리문화적 접근으로서, 리더십을 윤리문화적 틀 속에서 작동하는 원리로 인식하고, E. A. Locke의 리더십 핵심 개념인 관계, 과정, 기술을 기초로 리더십의 윤리적 이상의 당위와 실제의 문화적 가치, 그리고 이를 균형적으로 조화시키고 올바로 실천하는 리더십의 덕목과 윤리문화를 도출하였다.

제4장은 한국의 리더십 윤리문화에 대한 고찰로서, 앞에서 구축한 리더십의 윤리문화적 접근틀에 따라 한국 리더십의 윤리적 당위와 실제의 문화적 가치를 규정하고 이를 균형적으로 조화시킬 수 있는 리더십 덕목과 윤리문화를 도출하였다.

제5장은 한국의 리더십 윤리문화에 대한 사례연구로서, 오늘날 한국인의 절대적인 존경을 받고 있는 세종대왕, 충무공 이순신, 백범 김구의 리더십 사례를 통해 한국의 리더십에 대한 윤리문화적 접근의 실효성을 예증하려고 하였다.

제6장은 윤리문화적 리더십의 개발 방법을 제시한 것으로서, 윤리문

화적 리더십은 자기계발적 차원에서 접근해야 한다는 기본 개념에 따라 내적 리더십과 외적 리더십으로 구분하여 개발 방법을 제시하였다.

제7장은 한국 리더십의 당면 과제로서, 공동체 사회적 리더십과 시민 사회적 리더십의 조화, 리더십의 도덕성과 유효성의 조화, 다양성과 통합성의 다문화적 리더십의 발전방향을 제시하였다.

이러한 리더십의 윤리문화적 접근을 통해 오늘날 현대사회의 리더십에 대한 사회적 요구와 기대를 충족시키고 현대 리더십에 잠재되어 있는 괴리와 한계를 극복함으로써 리더십의 진정한 영향력을 창출하는 새로운 리더십 이론을 모색하고 아울러 한국 지도자의 리더십 윤리문화를 제시하려고 하였다.

그러나 리더십과 윤리문화에 대한 선행연구가 미진한 상태이고 이에 대한 일반적인 인식도 제대로 형성되지 못한 상황에서 리더십의 윤리문화라는 새로운 접근을 시도함으로써 수반되는 이론상의 체계와 논리성의 문제를 완전히 극복하지 못한 부분이 다소 있음을 솔직히 인정하지 않을 수 없다. 이에 대해서는 앞으로 지속적인 연구를 통해 더욱 발전시킬 것을 약속드리면서 독자 여러분의 아낌없는 질정을 당부드린다.

끝으로 이 책이 나오기까지 많은 가르침과 도움을 주신 모든 분들께 감사드리며, 옆에서 한결같이 지켜보고 성원한 가족과 기쁨을 함께하고 싶다. 아울러 이 책을 출판해 주신 한국학술정보(주)의 여러분들께 감사를 드린다.

2010년 9월

조현봉

# |목차|

■■■ **제1장** 현대사회와 리더십의 변화

오늘날 우리는 어떤 사회에 살고 있는가?

이는 현대인이면 누구나 갖는 관심사이다. 그 핵심은 현대사회의 실제적 모습을 파악하는 것이며, 이를 바탕으로 앞으로 전개될 미래사회를 예측하는 것이다. 오늘날 우리 삶에서 개인적인 일상사는 물론이고 조직이나 사회, 국가적인 대소사를 해결함에 있어서 우리가 살고 있는 현대사회의 실상을 정확하게 파악하지 않고는 어떤 문제도 효과적으로 해결하기 어렵다. 현대사회의 실상과 변화를 이해하는 것은 우리가 안고 있는 모든 문제의 해법을 모색하는 데 중요한 인식과 판단의 기초를 제공해 주기 때문이다. 하지만 대부분의 사람들은 일상적인 당면 문제에 집착한 나머지 우리 사회의 실상과 변화에 대한 고민에 진지하지 못한 것이 일반적인 경향이다.

오늘날 우리 사회의 중요한 관심사의 하나로 부각되고 있는 리더십의 문제 역시 현대사회의 실상과 변화에 대한 정확한 이해로부터 출발해야 한다. 리더십은 사회 속에서 이루어지는 하나의 과정이고 인간의 삶에 바탕을 두고 있기 때문이다. 오늘날 정보 지식사회의 발전에 따라 인간의 삶의 양식이나 사고방식이 급속히 변화하면서 조직의 성격이나 가치관, 일이나 문제의 해법 등이 변화함에 따라 리더십에 대한 관행이나 전제도 달라지고 리더십의 패러다임도 함께 변화하고 있다. 이에 따라 리더십의 접근방법에 있어서도 새로운 모색의 필요성이 제기되고 있다.

이 장에서는 현대사회의 특징과 리더십 환경 및 패러다임의 변화, 그리고 오늘날 우리 사회의 리더십에 대한 기대와 요구를 살펴봄으로써 현대 리더십의 바람직한 연구방향을 모색하고자 한다.


## 제1절 현대사회의 특징

오늘날 현대사회를 정의하려는 노력은 일찍부터 학계를 중심으로 언론, 재계 등에서 다양하게 전개되어 왔다. 현대사회를 가장 체계적으로 연구한 학자는 A. Toffler와 D. Bell이라고 할 수 있다.

A. Toffler는 그의 저서『제3의 물결(The Third Wave)』에서 인류 역사를 물결(wave) 개념을 도입하여 세 가지 물결로 구분하였다. 첫 번째 물결은 약 1만 년 전의 농업문명이며, 두 번째 물결은 18C경 시작된 산업혁명과 함께 출현하여 300여 년간 지속된 산업문명이고, 그리고 세 번째 물결이 정보와 지식에 기초한 정보문명이라는 것이다. 현대사회는 바로 세 번째 물결에 의해 전개되고 있는 정보 지식사회로서 종전의 산업사회와는 근본적으로 다른 특징을 갖고 있으며, 종전처럼 분업에 기초한 표준화, 전문화, 동시화, 집중화, 극대화, 중앙집권화에서 정보의 가속화에 따라 탈대중화, 탈대량생산, 탈중앙집권화, 탈표준화하고 있다는 것이다. 이러한 Toffler의 견해는 사회과학적 연구방

법에 근거한 체계적인 진술이라기보다는 상당부분 여러 지역과 시간대에서 산발적으로 나타나는 현상적 모습들을 임의로 조합하여 나열한 주장(정보사회학회, 2001: 70)이라는 인상을 주기도 하지만, 오늘날 현대사회 변화의 흐름과 특징을 통찰한 탁월한 견해로 평가되고 있다.

D. Bell은 그의 저서『탈산업사회의 도래(The Coming of Post—Industrial Society』에서 사회변화를 전산업사회, 산업사회, 탈산업사회로 유형화하고 현대사회를 탈산업사회로 규정하였다. 이러한 탈산업사회의 특징은 사회의 핵심자원이 자본과 동력에서 지식과 정보로의 변화이다. 기계와 기술보다는 정보에 기초한 지식가치가 중요해지고, 지식을 생산하는 대학이나 연구소와 같은 기관들이 사회의 핵심으로 부상하고, 기술혁신에 의한 서비스 생산 중심의 사회로 급속하게 발전하게 된다는 것이다. 이러한 Bell의 견해는 탈산업화론이라는 사회·경제학적인 틀에 기초하여 비교적 체계적으로 분석한 견해로 받아들여지고 있다.

이들 두 학자의 견해는 공통적으로 오늘날 우리 사회가 첨단 과학기술의 획기적인 발달, 정보통신망의 확대 보급과 네트워크화로 사회 전반에 걸쳐 정보화가 급속히 진전되어 우리 사회에 질적, 양적으로 엄청난 영향을 끼침으로써 기존의 사회구조와 삶의 양식과 가치관에 근본적인 변화가 일어나고 있다는 것이다. 이러한 근본적인 변화에 대해 일부 학자들은 '패러다임적 변화'라고 규정하기도 한다. 패러다임(paradigm)적 변화는 정보지식에 의한 사회의 혁명적인 변화로서 종전의 사회적 틀과는 근본적으로 다른 새로운 흐름과 특징을 의미하는 변화로서 현대사회의 성격을 잘 나타내고 있다.

일반적으로 현대사회를 정보지식사회로 규정하고 있다. 이는 정보화사회와 지식사회를 통칭하는 말이다. 즉 정보를 조합하고 융합하는 시스템이 활성화되는 정보화사회와 지식의 집적화가 활성화되는 지식사회가 융합된 통합적인 성격의 사회이다.

　정보화 사회적 성격은 디지털화와 컴퓨터화에 의해 추동되는 사회라고 할 수 있다. '디지털화'는 모든 기기의 기능체계가 아날로그방식에서 디지털방식으로 전환되는 것을 의미한다. 이러한 기능체계의 전환으로 인터넷과 같이 많은 양의 정보를 신속하고 멀리 전송할 수 있음에 따라 원격 통신이 가능하고, 마이크로프로세서의 활용영역이 확대되어 다양한 정보를 동시에 전송할 수 있게 된다. 종합정보통신망(ISDN)을 핵으로 하는 정보통신기술의 고도화로 전 세계가 신경망처럼 복잡한 네트워크를 형성하게 된다. 컴퓨터가 단순히 데이터 축적, 가공, 검색의 차원을 넘어서 인간의 사고를 확장시켜 주는 도구로서의 역할을 수행함에 따라 사회 전체가 '유비쿼터스 컴퓨팅'을 형성하고 있다. 유비쿼터스 컴퓨팅(Ubiquitous Computing)은 복잡한 컴퓨터가 소형화되면서 모든 제품 속으로 내장되어 사람들이 컴퓨터를 의식하지 못하는 상태를 말한다. 정보사회는 궁극적으로 컴퓨터가 물이나 공기처럼 자연스럽게 사물과 사물의 소통을 매개하면서 일상생활에서 기능하게 되는 유비쿼터스 사회로 발전하고 있다.

　또한 지식사회적 성격은 정보사회를 바탕으로 인간의 지력과 결합된 체계화된 지식의 활용을 통해 이끌어지는 사회이다. 현대사회는 정보사회를 뛰어넘어 정보기술이 인간의 창의력과 결합된 '지식'이라는 새로운 생산요소가 등장하고 있다. 이런 차원에서 지식사회는 정보사회보다 상위 개념의 사회라고 할 수 있다. 지식사회는 지식과 정보가 중요한 전략자원이 되고 이를 생산, 축적, 분배하는 지식산업이 중요한 생산활동이 되는 사회이다. Drucker는 "지식은 일하는 방법을 개선하거나 새롭게 개발하고 기존의 틀을 바꾸는 혁신을 단행하여 부가가치를 높이는 것"이라고 했다. 지식사회에서 지식은 단순한 앎이 아니라 생산활동에 초점이 맞추어지고 실용성이 중요시된다. 이와 같이 현대사회는 고도로 발달된 산업사회를 바탕으로 정보와 지식이 새로운 가치로 부각되는 정보지식사회가 혼재된 다중적 구조를 이루고 있다고 할 수 있다.

현대사회의 특징은 산업사회의 획기적인 발전과 정보지식사회로의 급속한 발전이 복잡하고 다양하게 통합된 성격을 띠고 있다. 고도 산업사회의 특징은 급속한 산업화와 생산수단의 과학화로 생산수단과 방법이 기계화, 자동화, 과학화되고 질 높은 재화를 신속하고 다량으로 생산할 수 있게 됨으로써 물질적인 풍요와 삶의 여유가 크게 향상되는 것이다. 또한 정보지식사회의 특징은 컴퓨터의 발달과 초고속 통신망의 보급 등 정보통신 기술의 발달로 우리 생활의 모든 영역에서 시간적, 공간적 제한을 극복함으로써 삶의 방식이 획기적으로 변화함에 따라 나타나는 특징이다. 현대사회는 산업사회와 정보지식사회가 갖는 특징적인 요소와 이 두 요소들이 융합하면서 형성된 통합적인 요소들에 의해 복잡하고 다양한 특징을 나타내고 있다.

현대사회의 지식정보사회로의 변화는 우리 삶에 있어서 긍정적 측면과 부정적 측면을 동시에 가져다주고 있다. 사회 전반에 풍요로운 삶과 편리한 생활 등 긍정적인 측면이 많지만 시간이 갈수록 부작용도 많이 발생하고 있다. 즉 컴퓨터 바이러스, 컴퓨터 파괴, 통신망 침입 등 정보지식의 정상적인 기능발휘의 보장에 있어서의 취약성을 비롯하여 복잡한 정보체계의 접근에 따른 교육이나 새로운 정보와 통신기기의 구입비용 등으로 발생하는 정보격차, 그리고 사생활에 대한 침해, 지적 재산권 보호 등이 새로운 문제로 나타나고 있다.

현대사회의 정상적인 발전은 이러한 부정적인 요소를 어떻게 해결하는가에 달려 있다. 사회적, 제도적, 문화적 활동 등을 통해 정보화가 올바로 견인될 수 있게 되면 현대사회의 미래는 낙관적이겠지만 이를 간과할 때는 새로운 문제의 발생으로 비관적인 사회로 전락할 수도 있음을 인식해야 한다. 따라서 정보기술의 발전과 더불어 사회적 진보를 위한 사회적·정치적 노력과 함께 이를 위한 법적 제도화와 정책화, 그리고 의식과 태도의 변화가 요구되고 있다.

현대사회는 산업사회의 발전과정 속에서 형성된 것이지만 오늘날 우리 사회에서 나타나고 있는 일련의 특징들은 기존 사회와는 전혀 다른 성격을 갖고 있고, 이러한 성격은 지금까지의 사회변화 추세를 바꿀 정도로 근본적인 요소를 포함하고 있음에 따라 우리 삶의 모든 영역에 광범위하게 영향을 미칠 수 있다. 따라서 우리는 현대사회 변화의 흐름과 변인에 대한 각별한 관심을 갖고 새로운 각도에서 적극적이고 진지한 성찰이 있어야 할 것이다.

현대사회가 앞으로 어떻게 전개될 것인가는 정확히 예측할 수는 없다. W. H. Gates는 "다가올 10년의 변화는 지난 50년의 변화보다 클 것이며 누구도 예측하기 힘든 다른 세상이 될 것"이라고 예견한 바 있다. 무엇보다 중요한 것은 사회변화가 광범위하고 그 속도가 예상보다 빨라서 우리가 전혀 예상할 수 없는 새로운 상황과 문제에 봉착할 수 있다는 것이다. 이에 우리는 오늘날 현대사회에 대한 정확한 이해와 인식을 갖고 개인적인 삶이나 조직이나 집단, 사회, 그리고 국가 등 제반 문제에 있어서 새로운 시각과 접근으로 미래를 대비해 나가야 할 것이다.

## 제2절 리더십 환경과 패러다임 변화

현대사회는 정보지식화의 발전에 따라 사회 전반에 걸쳐 광범위하고 질적이며 급속한 변화가 일어나고 있다. 이에 따라 사회 전반에 걸친 상황의 불확실성, 문제해결의 복잡성, 그리고 가치나 가치관의 다양성 등으로 조직의 환경이나 구성원의 가치관이 변화하면서 리더십의 환경과 패러다임도 근본적으로 달라지고 있다.

리더십의 환경은 리더와 구성원, 리더십에 영향을 주는 가치관, 조직과 사회의 문화 등을 통칭하는 말로서 그 핵심요소는 삶의 양식이나 조직의 성격, 사회 구성원의 가치관 등이라고 할 수 있다. 이러한 리더십 환경의 변화는 리더십에 적용되는 관행이나 전제 등을 근본적으로 바꿈으로써 리더십의 패러다임을 변화시키고 있다. 리더십 패러다임은 동시대의 리더십에 관한 정의나 이론들에서 추출된 공통적인 성분으로서 리더십의 관행이나 상황의 변화에 적응하면서 진화한다(남기덕, 2008: 82).

그럼 현대사회의 리더십 패러다임이 어떻게 변화하고 있는지 리더십의 환경요소인 삶의 양식, 조직의 성격, 구성원의 가치관을 중심으로 살펴보기로 한다.

첫째, 일이나 일상생활, 의사소통 방식 등 삶의 양식이나 태도의 변화에 따라 개인과 조직, 조직과 공동체를 결집시키는 통합의 리더십이 강조되고 있다.

현대사회는 정보 통신기술의 획기적인 발달에 따라 인간과 세상이 네트워크화된 디지털 라이프가 형성되고 있다. 누구나 빠르고 쉽게 정보에 접근할 수 있고 장소에 구애되지 않고 언제 어디서든 직업이나 일상생활의 모든 활동이 가능하다. 초고속통신망에 의한 멀티미디어로 대규모 쌍방향 통신이 일상화되고, 의인화된 네트워크 기술, 사이버 공간에서 비대면 의사소통의 확대 등에 따라 의사소통방식이 다양화해지고 있다. 시간과 공간의 제약을 초월하여 정보가 자유롭게 유통함에 따라 국제적 상호 의존관계가 더욱 긴밀해지고 세계가 하나의 지구촌으로 통합되면서 모든 분야에서 다양한 문화의 사람들과 함께 살아가는 다문화 사회가 급속히 확산되고 있다. 파트제나 임시직, 또는 스마트 워크(smart work)와 같은 유연한 근로방식이 확산되고 일상생활이나 직장생활에서 일과 업무의 성격이 변화하고 있다. 개인과 사회, 기업과 정부 등 사회 전반에 걸쳐 밀접한 연계성이 강화되고, 교육을 통한 지식과 정보의 습득이 용이해지면서 다양한 가치와 영역이 상호 교호하여 새로운 가치를 창출하는 문화의 영향력이 증대되고 있다. 이러한 삶의 양식이나 태도의 다원화와 상호성으로 인해 구성원의 공동체 참여와 공동 목적의 구현을 위한 개인과 조직, 조직과 공동체 간의 조화와 통합이 요구되고 있다.

이에 따라 현대 리더십의 패러다임은 다원화된 조직이나 집단의 힘을 보다 합리적으로 결집시키고 조화시킬 수 있는 통합의 리더십이 강조되고 있다. 공동체에 대한 헌신적인 봉사를 리더의 핵심적인 역할로 인식하는 서번트 리더십(servant leadership)이나 조직과 구성원의 공동체성과 도덕적 수준의 향상을 추구하는 변혁적 리더십이 강조되고 있다. 또한 구성원들이 리더와 상호 영향력을 주고받으면서 자발적인 참여와 새로운 가치의 창조를 이끌어 내는 팔로워십(followership)이나 구성원의 공동체 참여와 창의적인 문제해결을 위한 브레인스토밍(braining storming)과 같은 집단지성을 활용하는 리더십의 기법이 발전되고 있다.

둘째, 조직 형태나 운영, 업무 성격과 처리 방식의 변화에 따라 총체적으로 역량을 발휘할 수 있는 분권적이고 수평적 리더십이 강조되고 있다.

현대사회는 정보화, 민주화, 개방화에 따라 사회의 계층구조가 유연화해지고 모든 조직이 적시적이며 신축성 있는 구조로 변화하고있다. 조직형태에 있어서는 기존의 피라미드식 구조에서 팀 조직이나 프로젝트 조직, 네트워크화된 연결망 조직 등 소규모로 분권화된 수평적 조직으로 바뀌고 있다. 업무방식도 대화나 토론 등 민주적인 절차의 적용과 소셜 네트워크 서비스(SNS) 등 다양한 의사소통 수단을 활용함으로써 업무 처리방식의 개방성과 이동성, 융통성이 증대되고 있다. 업무성격에 있어서도 복잡하고 불확실한 상황하에서 신속한 업무처리가 요구됨에 따라 고도의 전문성과 창의성이 요구되고 있다. 이와 같이 유연한 조직 형태와 수평적 조직 시스템, 의사결정 방식의 민주화, 업무의 전문화 등으로 조직운영의 복잡성이 증가되고 동시에 조직의 응집력이 약화되고 있다.

이에 따라 현대 리더십 패러다임은 조직의 부하, 동료 및 상관 등 모든 구성원과 다양한 의사소통 방식에 적응하고 총체적으로 역량을 발휘할 수 있는 분권적, 수평적 리더십이 강조되고 있다. 리더와 구성원이 지배와 복종의 관계가 아니라 협력과 조화의 관계이며, 상명하복의 수직관계가 아니라 상호작용의 수평적 관계로 인식되고 있다. 리더의 역할도 지시나 통제가 아니라 비전이나 트랜드 워칭(trand watching)과 같이 조직의 목표나 방향을 제시하는 역할이 중요해지고 있으며, 리더의 통제범위도 광범위하고 직접적인 통제가 곤란함에 따라 소규모의 분권화 조직을 효과적으로 운영하는 팀장 리더십이 강조되고 있다. 또한 리더의 자질에 있어서도 우월한 권한이나 권위적 카리스마보다 실력, 전문성 등 능력이 중시되고, 구성원의 자발적이고 자율적인 참여를 이끌 수 있는 권한위임이나 임파워먼트(empowerment) 등 동기부여 기술이 발전되고 있다.

셋째, 지식노동자, 신세대, 여성 등 구성원의 가치관이 변화함에 따라 헌신적인 참여와 잠재능력을 발휘할 수 있는 자율과 창조의 리더십이 강조되고 있다.

현대사회는 삶의 양식과 사고방식, 가치의 변화에 따라 사회와 조직 구성원의 가치관도 함께 변화하고 있다. 즉 가족 중심적 또는 공동체적 가치관보다 개인중심의 가치관이, 집단적 사고보다는 개별적 사고가, 구성원 간의 상부상조보다는 개인적인 만족감이, 조직 간의 유기적 관계보다는 조직의 이해관계가 우선되고 있다(김대규 외, 2006: 24-27). 특히 리더십 현장에서는 지식근로자와 신세대, 여성이 주축을 이룸으로써 이들의 가치관이 리더십 패러다임의 변화에 많은 영향을 주고 있다.

지식근로자는 통상 특정분야에 관한 체계적이고 과학적인 전문지식을 사용하여 새로운 부가가치를 창출하거나 서비스의 제공, 아이디어를 생산하는 직업인을 지칭한다. Drucker에 의하면 지식근로자는 전문지식으로 무장하고, 의사결정에 있어 상당한 자율성을 누리며, 전문가 의식이 강하고, 자신의 행동표준에 따라 행동한다. 조직에 고용되어 있으면서도 그 조직에서 다만 일하고 있을 뿐 소속되지 않는다고 생각하며, 조직의 상하관계나 계층구조를 인정하지 않는 성향이 있어 조직에 대한 충성도도 일반직의 종사자보다 낮다는 것이다. 또한 신세대는 인터넷을 통해 사회화된 세대로서 사이버 공간이라는 가상공동체 안에서 새로운 형태의 인간관계와 집단적 정체성을 형성한다. 이들은 풍부한 환경 속에서 성장함으로써 자신감이 충만하고, 도전적인 일을 추구하며, 조직에 대한 충성심보다는 자기의 가치실현을 중요시한다. 이러한 지식근로자와 신세대의 다양성과 개체성의 가치관은 조직 전반에 걸쳐 자유주의와 개인주의, 개성주의를 형성하는데 영향을 주고 있다. 한편 여성의 사회진출이 날로 확대되고 지식과 정보 집약적인 업무에 적응하면서 여성의 창조적이고 유연한 사고능력, 섬세함과 감성력 등이 리더십에 영향을 끼치고 있다.

이에 따라 현대 리더십 패러다임은 구성원의 주체적이고 자율적인 행동을 이끌어 내기 위한 감성 관리, 대화와 토론의 과정 중시, 도덕성, 자율적 통제와 인적 조화 등 자율과 창조의 리더십이 강조되고 있다. 조직의 이익을 위해 개인가치의 희생을 강요하는 것이 아니라 구성원의 자기실현을 위한 잠재능력의 개발을 적극 지원함으로써 자율적 참여를 이끌어 내며, 보수나 승진 등과 같은 외적 보상보다 자기실현 등과 같은 내적 보상을 중요시하는 셀프리더십(self leadership)과 구성원의 자발적이고 헌신적인 행동력을 이끌어 내기 위해 구성원의 감성적 요소도 함께 고려하는 감성의 리더십이 강조되고 있다.


## 제3절 리더십에 대한 기대와 요구

오늘날 우리 사회는 이러한 리더십 패러다임의 변화에 따라 리더와 리더십에 대한 기대와 요구는 과거 어느 때보다도 높아지고 있다. 이러한 기대와 요구는 현대사회 전반에 걸친 메커니즘과 관련된 성격의 것도 있고, 리더십의 근본적인 실체와 관련된 궁극적인 성격의 것도 있으며, 오늘날 시대적 상황 속에서 나타나는 일시적인 성격의 것도 있고, 한국사회에서만이 강조되는 특수한 성격의 것도 있다. 이와 같이 현대 리더십에 대한 기대와 요구는 복합적이고 다중적이고 가변적이어서 단적으로 규정하기는 쉽지 않다.

오늘날 한국사회는 정보 지식사회의 시대적 변화, 국제화와 개방화 추세, 남북관계 상황 속에서 국가발전과 민족통일을 동시에 이루어야 하는 국가적인 목표를 추구해야 하는 사명과 과제를 안고 있다. 이러한 상황에서 요구되는 리더와 리더십은 급속한 사회변화에 능동적으로 적응하고, 사회 전반에 걸쳐 심화된 다양한 갈등과 대립을 극복하며, 국론을 통일하고 국력을 결집할 수 있는 리더십이라고 할 수 있다. 이러한 리더십에 대한 요구와 기대는 다음 세 가지로 요약할 수 있다.

첫째, 지속적 성장과 정보사회의 발전을 주도할 변화와 혁신의 리더십이다.

오늘날 한국사회는 최단기간에 걸쳐 산업화를 이룩하고 세계의 정보지식화를 선도하는 국가로 급속히 발전하고 있다. 지금의 한국사회는 점진적이고 단계적인 변화가 아니라 질적으로 급속한 변화가 전개되고 있다. 사람들의 가치와 욕구가 급격히 향상되고 삶의 양식과 방법이 근본적으로 바뀌고 있다. 소유 중심의 문화에서 정보와 지식 중심의 삶으로 전환되고, 이로 인해 인간의 욕구가 고급화, 다양화되며 인간의 존엄성과 자유에 대한 가치 욕구가 증대되고 있다. 또한 모든 활동에서 다양하고 개성 있는 삶을 추구하는 새로운 생활양식이 일상화되고 있다. 이에 따라 개인적, 사회적 또는 국가적인 문제 해결에 적용되었던 기존의 전제가 근본적으로 변화되고 있다. 이제는 종전의 해법으로는 오늘날의 복잡다단한 문제를 해결할 수 없다. 문제와 관련된 전제가 바뀌면 그 문제에 대한 해법도 달라져야 한다. 단순히 변화에 적응하는 것을 넘어서 모든 문제해결에 필요한 전제 자체를 근본적으로 바꾸고 새로운 가치를 추구하는 변화와 혁신이 요구된다. 오늘날 한국사회에서 요구되는 리더십은 사회 변화를 적극적으로 주도하고 새로운 접근을 모색하는 변화와 혁신의 리더십이 요구되고 있다.

둘째, 리더십의 모든 과정에서 도덕성과 윤리성이 역동하는 리더십이다.

오늘날 한국사회는 급속한 정보화와 민주화, 개방화에 따라 리더의 모든 행위에 대한 접근이 가능하고 그 결과가 일반에게 보다 용이하게 공개됨으로써 리더의 도덕성과 리더십의 윤리성에 대한 사회적 기대와 요구 수준이 날로 높아지고 있다. 이제 리더나 리더십에 있어서 능력 못지않게 도덕성이나 윤리성이 중요한 요소로 부각되고 있다. 리더가 분명한 도덕적 기준과 윤리적 원칙에 충실해야 구성원들의 신뢰와 지지를 얻을 수 있다. 따라서 리더는 공적인 의사결정 과정은 물론이고 사적인 활동에서도 도덕성과 윤리성을 갖춘 덕성과 인격을 갖추어야 한다. 리더는 자기 행위에 대한 도덕적 성찰과 철저한 자기관리를 통해 올바른 가치관과 품성을 함양하여 구성원들에게 수범이 되는 도덕적 리더가 되어야 하고, 공정하고 합리적이며 정당한 원칙에 입각하여 판단하고 실천하는 윤리적 리더십이 요구되고 있다.

셋째, 한국의 특수성에 효과적으로 대처할 수 있는 균형과 조화의 리더십이다.

오늘날 한국사회는 국가발전과 남북통일의 시대를 동시에 열어 나가야 하고 이를 위해 가장 중요한 것은 국민통합이다. 그럼에도 불구하고 한국사회는 도시와 농촌 간의 인구구성 변화, 새로운 남북갈등, 부익부 빈익빈 현상의 심화 등 다양한 갈등요소가 상존하고 있다. 종전의 한국사회는 공동체적 가치의 우선적 실현을 위해 개인적 가치를 제한하는 바탕 위에서 형성되었지만 오늘날에는 조직과 개인 간의 강한 일체감과 인간존중이 중요시되고 있다. 따라서 국민통합을 위해서는 공동체적 가치와 개인적 가치의 균형적 조화가 선결되어야 한다. 조직이나 사회의 공동목표 달성을 위해서는 구성원과 집단 간에 긴밀한 상호작용을 이끌어 내고 조직이나 집단의 힘을 보다 합리적으로 조화시키고 결집시켜야 한다. 한국의 역사나 전통, 문화를 통한 공감대를 이끌어 냄으로써 사회적 갈등이나 대립을 극복하고 차별화된 경쟁력을 창출할 수 있어야 한다. 세계적인 보편성과 한국의 특수성을 찾아내고 이를 균형적으로 조화시킬 수 있는 리더십이 요구되고 있다.

앞에서 살펴본 바와 같이 오늘날 현대사회는 지식정보화의 급속한 발전에 따라 리더십의 환경과 리더십에 대한 기대와 요구도 변화하고 있다. 현대사회의 리더십은 급변하는 사회, 불확실한 상황 속에서 신속하고 효과적으로 대처할 수 있어야 한다. 특히 오늘날 한국사회에서 요구되는 리더십은 조화와 통합, 혁신과 창조 그리고 도덕과 윤리가 역동하는 리더십이다. 즉 한국사회의 다양한 요소를 결집하고 통합할 수 있어야 하고, 급변하는 사회변화를 극복하고 혁신과 창조를 이끌 수 있어야 하며, 사회 구성원들의 다양한 요구를 조화시키고 도덕과 윤리에 입각하여 올바른 방법으로 실천해야 한다. 그리하여 구성원들로 하여금 자기실현은 물론 공동체의 목표를 구현하는 데 자발적이고 헌신적인 행동력을 이끌어 낼 수 있어야 한다. 이를 위해서는 리더십에 대한 기존의 인식이나 관점, 그리고 접근 방법을 근본적으로 전환해야 할 것이다.

# ■■■ 제2장　현대 리더십의 일반 이론

리더십은 인류가 공동체 생활을 시작하면서부터 존재한 인간 삶의 한 영역이다. 리더십의 실체를 이해하려는 노력은 약 100여 년 전부터 시작되었지만 리더십이 과학의 영역으로 들어온 것은 20세기 이후부터라고 할 수 있다. 현대 리더십 이론은 리더십에 대해 과학적이고 체계적으로 접근한 이론이다.

현대 리더십 이론은 초기의 특성이론으로부터 행위이론, 그리고 상황이론으로 변화, 발전되어 왔다. 이 이론들은 그 관점은 각기 다르지만 리더십의 효율성과 관련한 리더의 자질, 행위 및 상황 등을 인지하는 데 초점을 맞추고 있다. 최근에는 리더와 구성원과의 관계, 과정, 그리고 상황 등과 관련한 가치와 문화 등에 관심을 갖는 리더십 이론들이 등장하고 있다. 이러한 발전 추세는 오늘날 우리 사회가 정보 지식사회로 발전함에 따라 리더십에 대한 새로운 기대와 요구가 반영된 것으로 볼 수 있다.

이 장에서는 현대 리더십 이론의 발전과정에서 나타난 리더십 이론의 주요 관점과 특징을 살펴보고 이를 통해 현대 리더십 이론이 지향하는 방향과 맥락을 고찰하고자 한다.

# 제1절 현대 리더십 이론의 발전

현대 리더십 이론은 특성이론으로부터 행위이론, 상황이론으로 발전되어 왔다. 특성이론은 다른 사람을 이끌 수 있는 리더의 뛰어난 특성과 자질을, 행동이론은 리더십의 성과를 높이는 리더의 행동 유형을, 상황이론은 리더십에 영향을 미치는 환경적 요인을 규명하는 데 초점을 두고 있다.

## 1. 특성이론

특성이론(trait theory)은 1930년부터 1950년에 주도된 리더십 이론이다. 이 이론은 훌륭한 리더에게는 선천적으로 타고난 어떤 특성이나 자질이 있을 것이라는 가정 아래 성공한 리더들이 갖고 있는 공통적인 특성을 연구하고 이를 개념화한 리더십 이론이다. 이 이론은 일찍이 유럽에서 '위대한 사람'으로 불리는 영웅들의 독특한 자질이 무엇인가에 대한 연구에서 시작되었다. 이른바 위인이론(greatman theory)이라는 이 연구를 통해 리더는 신체 구조나 용모가 보통사람과 특별히 구별될 수 있으며 신분, 지능, 성격 등도 보통사람보다 뛰어나다고 생각했던 것이다. 당시 학자들은 리더의 자질을 갖고 태어난 사람은 어떤 시대나 상황에서도 사람을 훌륭하게 이끄는 능력을 갖는다고 보았으며, 이러한 리더의 자질은 리더십의 유효성과 추종자들의 복종심을 결정하는 근본요소로 인식하였다.

특성이론의 대표적인 학자인 R. M. Stogdill은 리더의 자질과 특성에 관한 첫 번째 연구에서 지능, 민감성, 통찰력, 책임감, 진취성, 지속성, 자신감, 사교성 등을, 두 번째 연구에서는 성취욕, 지속성, 통찰력, 진취성, 자신감, 책임감, 협동성, 참을성, 영향력, 사교성 등을 리더의 특성으로 제시하였다. 또한 R. D. Mann은 지능, 남성적 기질, 적응성, 지배성, 외향성, 보수적 기질을, R. G. Lord는 지능, 남성적 기질, 지배성을, S. A. Kirkpatrick와 E. A. Locke는 추진력, 동기유발, 성실성, 자신감, 인지적 능력, 사업지식 등을 리더의 특성으로 제시하였다(김남현·P. G. Northouse, 2006: 24-27).

그러나 특성이론은 리더십의 실제에 있어서는 탁월한 리더의 특성을 가진 사람이 리더로 발탁되지 못하거나 하위자로 머물거나 뛰어난 리더십을 발휘하지 못하는 현상을 설명할 수 없었다. 결국 리더의 특성에 대한 과학적인 분석과 측정은 어렵다는 것이다. 이러한 한계를 극복하기 위해 일단의 학자들은 현대 통계기법을 적용하여 이론의 타당성을 증명하려고 노력하였다. 메타분석을 통해 사람들이 갖고 있는 보편적인 리더십의 원형을 확인하려고 하였고, 많은 사람에게 개방형 질문을 받아 리더에 대한 개인적인 특성이나 특징을 규정하려고 했다. 하지만 모든 상황에 통용될 수 있는 리더의 공통적인 특성을 설정한다는 것은 무의미하다는 사실을 알게 되었다.

이러한 결과는 리더의 특성을 타고난 것으로 상정하는 선천성, 리더십의 특성을 갖고 있는 사람이 리더십을 훌륭하게 발휘할 수 있다는 리더 예측의 신뢰에 대한 한계, 리더 중심의 특성에 치우쳐 리더와 추종자 간의 상호작용 관계를 무시한 점, 그리고 리더의 특성과 자질은 단순히 리더가 보유한 개인적인 특성의 차원을 넘어 추종자나 타인에 의해 인식된다는 점 등을 간과한 데서 비롯된 것이라 할 수 있다. 특히 추종자에 대해 리더의 부하라는 관점에서 리더십에 전혀 영향을 미치지 못하는 존재로 규정하고, 리더의 자격을 타고난 자와 추종자의 위치에 머물러야 하는 자로 이분화함으로써 리더십 이론으로서 불완전성과 비윤리성을 내포하게 된 것이다. 그럼에도 불구하고 특성이론은 리더의 뛰어난 특성과 자질에 대한 체계적인 연구를 통해 리더로서 구비해야 할 자질과 특성에 대한 전형을 어느 정도 제시했다는 데에 상당한 의미가 있다.

특성이론은 이론 자체가 안고 있는 한계와 모순, 그리고 위대한 사람에게 있어서 육체적 특성이나 건강 외의 다른 특성은 타고난 것이 아니라는 행동주의자들의 주장이 제기됨으로써 그 지지 기반을 상실하게 되었다.

## 2. 행위이론

행위이론(behavior theory)은 1940년대부터 1970년대에 주도된 리더십 이론이다. 이 이론은 '리더는 어떻게 행동하는가'라는 행위에 초점을 두고 효과적인 리더의 행위유형을 규명한 이론이다. 어떤 사람이 효율적인 리더인가가 아니라 리더가 어떻게 권한을 위임하고, 부하들과 의사소통하며, 부하들의 동기를 유발하고, 과업을 수행하는가라는 리더의 행위유형이 핵심이다. 행위이론가들은 리더의 행위에 따라 리더십의 유효성이 달라진다고 생각하고 이상적인 리더의 행동유형을 제시하려고 하였다.

리더십 연구에 있어서 리더의 형태연구라는 새로운 통찰력을 제공한 사람은 집단역학자 K. Lewin이다. 그는 R. Lippitt, R. K. White 등과 함께 일단의 소년들로 구성된 한 클럽을 대상으로 권위주의적 리더십,

민주적 리더십, 그리고 자유방임적 리더십을 적용하여 리더십의 유형 변화에 따른 구성원들의 행동반응을 실험했다. 그 결과 권위주의적 리더들은 다른 두 종류의 리더들보다 더 많은 생산성을 가져온 반면, 민주적 리더하에서 작업하는 구성원들은 더 큰 창조성과 높은 동기를 부여할 수 있었다. 또한 대부분의 구성원은 민주적 리더십 유형을 선호하고 있으며, 효과적인 리더십은 작업환경의 상황요소, 근로자의 태도와 감정에 의존한다는 결론을 얻었다.

또한 Ohio주립대학에서는 조직의 목표 달성을 위해 집단을 지휘할 때 리더가 보이는 행동목록을 만들어 학교, 군대 및 산업체에 종사하는 사람들을 대상으로 실시한 설문조사를 토대로 구조주도와 배려주도라는 두 가지의 전형적인 리더행동을 추출했다. 여기서 구조주도 (initiating structure)형 리더는 집단의 성과를 극대화하기 위해 조직화하고 정의하는 리더중심의 행동이며, 배려(consideration)형 리더는 집단성원의 욕구에 관심을 갖고 상호존경과 신뢰를 중시하는 관계중심의 리더행동이다. Michigan대학에서도 리더유형을 종업원 지향적 (employee orientiation) 리더와 생산 지향적(production orientation) 리더로 분류하고 어떤 리더십 유형이 집단의 성과를 효과적으로 증진시키는지를 조사하는 연구를 진행하였다. 한편 Taxas대학의 R. R. Blake와 J. S. Mouton은 효과적인 리더십 행동유형을 생산에 대한 관심과 사람에 대한 관심의 두 차원으로 구분하여 두 가지 리더십 차원의 높고 낮음에 따라 리더십 효과성을 확인하려고 하였다.

이러한 연구들은 공통적으로 일 중심과 사람 중심의 리더 유형 가운데 효과적인 리더와 비효과적인 리더 간의 행동 차이를 확인하려고 하였지만 두 가지 리더십 유형 중 어느 유형이 더 효과적인지에 대한 결론을 내리지는 못하였다. 오히려 유일 최선의 리더십 유형은 존재하지 않으며 리더십 유형의 유효성은 상황요인에 달려 있다는 사실을 확인한 것이다.

행위이론은 리더의 보편적인 행동에 치중함으로써 리더의 구체적인 행동이 상황에 따라 달라진다는 점, 인간의 복잡한 심리구조에 따라 리더십 과정에 영향을 미치는 다양한 변수들을 간과한 점 등 리더십에 있어서 조직과 환경과의 관계를 배려하지 못한 한계와 문제점을 드러내었다. 그럼에도 불구하고 행위이론은 리더십을 리더 중심에서 리더와 추종자와의 관계로 파악하고, 리더의 직무처리와 구성원과의 관계를 유지하는 행동이 조화를 이룰 때 효과적인 리더십이 가능하다고 보는 등 리더십의 주체에 대한 인식과 범위를 확장시키는 계기를 마련하였다.

결국 행위이론은 리더와 추종자의 인간관계와 이를 지지하고 있는 환경적인 상황을 함께 고려하는 상황이론으로 발전하는 계기가 되었다.

## 3. 상황이론

상황이론(contingency theory)은 1970년대 이후 등장한 리더십 이론이다. 리더십의 유효성은 리더의 특성이나 행위가 아니라 상황에 따라 달라질 것이라는 가정하에 상황에 적합한 리더십의 유형을 모색한 이론이다. 이 이론은 어느 상황에서나 유일 최선의 리더십 유형은 존재할 수 없으며, 리더의 행동이 구체적인 특정 상황에 가장 잘 부합할 때 리더십이 효과적이며, 따라서 효과적인 리더십 유형은 상황에 따라 결정되어야 한다는 입장이다.

대표적인 상황이론은 F. E. Fiedler의 상황 리더십 이론이다. 그는 리더십의 효과성은 리더의 행동과 어떤 상황변수의 상호작용에 따라 결정된다는 인식하에 리더와 추종자 관계, 과업구조, 리더의 지위권력 등 세 가지의 상황변수를 설정하였다. 이러한 상황변수를 기초로 리더십의 유효성 수준을 나타내는 과업동기 유발적 리더와 관계동기 유발적 리더의 예측상황을 표시하는 합상황 모델을 만들었다. 이를 통해 리더십의 유효성은 리더가 자신의 리더십 유형을 상황적 통제의 양에 조화시키는 결과에 따라 달라지기 때문에 리더십 유형을 당시 상황요구에 적합하게 변경해야 한다고 주장하였다.

또한 R. J. House는 리더의 역할이 구성원들로 하여금 개인이나 조직의 목표를 달성하도록 동기를 부여하는 것으로 인식하고 리더가 종업원의 기대에 어떻게 영향을 미치는가에 따라 리더십의 유효성이 결정된다는 경로-목표 이론(Path-Goal Theory)을 제시하였다. 그는 리더가 도전적인 목표와 가치 있는 보상을 향한 올바른 경로 위에 종업원이 머무를 수 있도록 여러 가지 리더십 유형을 사용하여 종업원을 개선, 고무시켜야 한다고 하였다.

한편 Hersey와 Blanchard는 리더가 구성원의 성숙도에 따라 리더십 유형을 달리해야 한다는 성숙도 이론(Follower-based Theory)을 제시하였다. 이 이론은 리더십의 유효성 내지는 적합성이 구성원의 과업 특성과 성숙도에 따라 결정된다는 인식하에 리더는 각 과업에 대해서 구성원이나 그 집단의 성숙도가 어느 단계에 있는가를 정확히 진단하고 성숙도의 단계에 적합한 리더십을 구사하는 유연성을 가져야 한다고 주장하였다. 즉 구성원의 성숙도가 높아감에 따라 리더는 알려주는 유형에서 설득하거나 지도하는 유형으로, 참여하거나 지원하는 유형으로, 그리고 궁극적으로 위양하는 유형으로 점차 옮겨 가도록 권장하고 있다.

상황이론은 리더와 추종자 간에 상호 영향을 미치는 환경적 요인을 규명하거나 리더가 지닌 특성이나 행동의 유효성이 상황적 요인에 따라 어떻게 다른가를 규명하려고 하였다. 특성이론이나 행위이론이 리더십의 주체와 효과성을 리더에 집중하고 있다고 한다면 상황이론은 리더십의 주체를 리더에서 구성원으로, 리더십의 효과성을 리더−구성원의 관계와 이를 둘러싼 상황으로 범위를 확대시킴으로써 리더십의 인식범위를 확장시키고 유연성을 증대시키는, 보다 종합적인 접근이라고 할 수 있다. 하지만 상황이론은 조직에서의 인간행동의 원리, 조직의 가치나 관습, 문화, 사회규범, 법률 등 다양한 거시적인 변수를 고려하지 않고 리더−구성원 관계, 과업구조, 직위와 권한, 구성원의 성숙도 등 미시적인 상황변수를 중시하고 있는 점, 리더와 구성원의 관계가 상급자와 하급자의 관계인 계층적 관점을 벗어나지 못하고 있는 점 등의 한계를 갖고 있다.

앞에서 살펴본 바와 같이 현대 리더십 이론은 리더의 특성에서 행위로, 그리고 상황으로 그 인식의 폭과 범위가 점차 확장됨으로써 리더십의 실체에 보다 근접하는 방향으로 발전해 왔다고 할 수 있다. 그럼에도 불구하고 이러한 발전 과정은 궁극적으로 리더십의 유효성에 바탕을 두고 있으며, 그 접근은 리더의 자질, 행위, 그리고 리더를 둘러싼 상황 등 리더를 주체로 한 기존의 접근틀에서 벗어나지 못하고 있다.

오늘날 현대 리더십에서는 리더십의 진정한 영향력과 이에 영향을 주는 리더십의 핵심요소로서 가치나 도덕성, 문화 등 다양한 거시적 변수를 고려하는 새로운 리더십 이론들이 등장하고 있다. 예컨대 거래적 리더십과 변혁적 리더십, 서번트 리더십, 슈퍼리더십과 셀프리더십 등이 그것이다.

거래적 리더십(transactional leadership)은 리더십을 추종자의 공헌, 리더의 유인 등과 같은 리더와 추종자 간의 거래관계로 인식한 리더십 이론이다. 거래관계는 조직 목표를 달성하기 위한 수단으로서 리더가 구성원에게 자신의 지식이나 아이디어를 제공하고 보상이나 인센티브를 통해서 구성원의 욕구를 충족시키고 작업에 전념케 하는 관계이다. 이러한 거래관계를 통해 리더는 일정 수준의 성과를 요구하고 그 성과가 달성되면 일정 수준의 보상을 제공할 것을 약속하며, 추종자는 그 이익을 얻기 위하여 요구된 수준의 성과 수행에 동의하는 리더십이다.

변혁적 리더십(transformational leadership)은 리더의 활동에 대한 추종자의 응종이 아니라 리더의 카리스마와 영감적 동기부여, 개인적 배려, 지적 자극을 통해 추종자의 자아개념을 자극함으로써 스스로 자기 확신감을 갖도록 하는 리더십 이론이다. 리더는 추종자들에 대한 높은 기대의 표현을 통해 확신적 태도를 보여 주고 욕구와 능력의 차이에 따라 관리함으로써 추종자들로 하여금 자기 확신감을 고양시키며, 자기 확신감에 찬 태도와 행동으로 리더를 역할모델로 지각하도록 하는 리더십이다. 한편, 변혁적 리더십의 한 형태인 카리스마적 리더십(charismatic leadership)은 현실의 문제점을 비판하고, 이상적인 비전을 제시하며, 이를 달성할 수 있다는 강한 믿음을 추종자에게 심어 주는 리더의 카리스마적 권위를 통해 복종과 충성, 높은 성과를 확보하는 리더십 이론이다.

서번트 리더십(servant leadership)은 구성원들을 주인같이 섬기는 관계의 확보를 통해 훌륭한 리더십이 형성되며, 리더의 권력은 행사하는 것이 아니라 구성원을 통하여 만들어지는 것이라고 보는 것이다. 이러한 접근은 리더의 역할을 구성원을 위한 희생과 봉사자로 인식함으로써 기존의 리더와 추종자에 대한 관점을 획기적으로 변화시키고 있다.

슈퍼리더십(super leadership)은 리더가 부하를 직접 지휘하는 것이 아니라 부하가 스스로 자신을 지휘하는 셀프리더십(self leadership)을 개발하여 습득할 수 있도록 지원하고 활성화하는 조직문화에 관심을 갖는 리더십으로, 구성원을 중심으로 하는 리더십이라고 할 수 있다.

이러한 리더십 이론들은 리더십이 후천적 형성과정이라는 전제하에 행위이론적 관점과 상황이론적 관점을 모두 수용한 이론이라고 할 수 있다. 기존의 리더십 이론과 비교해 보면, 먼저 현상 유지와 통상적으로 기대되는 성과를 이끌어 내는 데 치중하지 않고 집단이나 조직이 궁극적으로 지향해야 할 리더십의 보편적인 당위를 제시하고, 이를 구성원에게 구체화시켜 구성원의 가치 변화와 혁신을 추구하고 있다. 또한 상사와 부하 간의 수직적 상호관계에 머물지 않고 리더와 구성원 간 신뢰를 바탕으로 한 수평적 상호관계를 강조하고 있다. 특히 기존의 리더십 이론에서 다루지 못한 유효성에 대한 판단기준으로 구성원의 진정한 영향력을 발휘할 수 있는 권한위임, 자아개념, 혁신행동 등의 변수를 고려한다는 점이다.

현대 리더십의 개념은 이러한 리더십 이론의 발전과정을 거쳐서 정립된 것으로서 모든 요건이 충족된 완성된 상태의 개념이라기보다는 앞으로 지속적으로 보완되고 개선시켜 나가야 하는 가변적인 상태의 개념이라고 할 수 있다. 그럼 오늘날 우리 사회에서 일반적으로 이해되고 있는 현대 리더십의 기본 개념에 대해 살펴보기로 한다.

## 제2절 현대 리더십 개념의 정립

앞에서 살펴본 바와 같이 리더십은 오래전부터 인간의 중요한 관심사가 되어 왔고 그간 많은 사람들에 의해 연구가 진행되어 왔다. 하지만 아직까지도 모든 사람이 공감할 수 있는 리더십의 개념은 정립되지 못하고 있다. 그것은 리더십이 학문적 또는 학제적인 차원의 개념이라기보다는 '더불어 살아가는 인간생활의 일상이며 삶의 방식'의 영역이기 때문이다(김대규, 2009: 13-18). 리더십은 고정불변한 것이 아니라 가변적인 하나의 관행이다. 이러한 리더십의 근본적인 성격에 따라 리더십의 개념은 이를 규정하는 사람들의 입장과 관점에 따라 다르게 규정될 수 있으며 시대와 사회의 변화에 따라 리더십에 대한 개념도 변화할 수밖에 없다.

R. M. Stogdill은 "리더십의 정의는 그 개념을 정의하려고 하는 사람들의 수만큼 많다"라고 지적한 바 있다. 또한 W. Bennis는 "사람들은 그들의 조망에 따라 자신들이 관심을 갖고 있는 현상의 측면에서 리더십을 정의한다. 이러한 리더십 개념의 모호성과 복잡성이 리더십의 이해를 어렵게 또는 그르치게 만들고 있으며 리더십을 다루기 위해 수많은 용어들을 창조해 냈다"라고 주장한 바 있다. 오늘날 우리 사회에서 보편적으로 사용되고 있는 '리더십'이라는 용어는 일반적인 어휘로서, 정밀한 학문적 재정의를 거치지 않고 과학 분야의 전문용어로 편입함에 따라 리더십이라는 용어가 갖는 함축적 의미로 인해 리더십 개념의 애매성을 유발하게 되었다고 하는 주장도 있다. 결국 리더십은 다양한 의미로 정의됨으로써 '리더십'이라는 동일한 용어를 사용하더라도 이를 접하는 사람들은 그 의미를 서로 다르게 인식

하는 개념적 모호성을 초래하게 되었다. 이러한 리더십 개념의 애매성과 복잡성은 현대 리더십 이론의 발전에도 불구하고 여전히 극복되지 못하고 있다.

오늘날 현대사회에서 일반적으로 이해되고 있는 리더십의 개념은 집단상황하에서 어떤 목표를 달성하기 위한 유효성을 창출하는 수단으로, 그리고 리더가 중심이 되어 행사하는 영향력으로 인식하고 있다. 이러한 인식은 B. M. Bass가 자신이 개발한 리더십 분류시스템에서 리더십을 집단과정, 성격, 행위 혹은 행동, 권력관계, 수단, 역량 등으로 파악하고 있는 것에서 잘 나타나고 있다. 그에 의하면 리더십은 리더가 집단변화와 집단동의의 중심에 위치하여 집단의 의지를 통합하는 집단과정이며, 다른 사람들로 하여금 과업을 완성하도록 행동을 유도하는 성격특성이나 특성들의 조합이며, 집단 내의 변화를 도모하기 위한 리더의 행위나 행동, 목표 달성의 수단이며, 리더십의 역량 등으로 정의하고 있다(Bernard, M. Bass, 1990: 11-20).

한편, 리더십은 리더와 구성원의 상호작용을 통해 구성원의 동기를 유발시켜 자발적이고 헌신적인 행동력을 도출하는 일련의 활동으로 인식하는 관점도 있다. M. G. Burns는 리더십이 권력을 행사하는 것과는 달리 "리더는 부하와 리더의 목표에 더 효과적으로 도달할 수 있도록 부하의 동기를 자극하는 사람"이라고 규정한다. 따라서 리더는 남들과 공유할 수 있는 새로운 의미를 창조하기 위해 주관이 뚜렷하고 적응력이 뛰어나야 하므로, 리더가 된다는 것은 '선한 사람'이 되는 것이라고 주장한다(J. M. Buns, 1990: 18, 36). 이러한 리더십의 관점은 리더십을 긍정적인 성격의 개념으로 인식하게 만든 계기가 되었다. 또한 Hunter는 리더십의 주역은 리더가 아니라 팔로워로, 리더의 영향력도 팔로워에 대한 영향력에서 간접적이고 가치적인 영향력으로, 보상의 개념도 외적 보상이 아니라 내적 보상으로, 리더에 대한 의존이 아니라 팔로워가 스스로 주체적으로 생각하는 사고방식으로 변화하고 있다고 강조하였다. 이러한 리더십의 관점은 현대 리더십에 대한 기존의 인식이 근본적으로 변화하고 있음을 시사하고 있다.

현대 리더십의 개념을 체계적이고 종합적으로 인식한 사람은 E. A. Locke라고 할 수 있다. 그는 자신의 저서 『리더십의 핵심(The Essence of Leadership)』에서 오늘날 리더십에 있어서 공통적으로 식별되는 핵심요소로서 리더십의 관계, 과정, 기술을 기본 개념으로 파악하고 있다(E. A. Locke et al., 1991: 2−4). 이러한 Locke의 개념을 바탕으로 현대 리더십 개념을 구체적으로 살펴보면,

첫째, 리더십은 관계(relationship)의 개념이다.

리더십은 근본적으로 리더와 구성원 간의 관계를 기초로 하고 있다. Locke는 "리더십은 다른 사람, 즉 구성원들과의 관계 속에서만 존재하는 것이다. 만약에 구성원들이 없다면 리더는 없다. 효과적인 리더가 되기 위해서 리더는 구성원을 고무시키고 관계하는 방법을 알아야만 한다"고 주장하고 있다. 이러한 리더십 관계에 대해 Hollander는 리더와 구성원의 맥락에서, Burns는 집단이라는 맥락에서, 그리고 Rost는 양면적 관계 속에서 파악하고 있다. 하지만 이들은 모두 리더십의 관계를 구성원과의 관계 속에서 형성되는 역동적 현상으로 이해하고 있다. 즉 리더가 구성원 위에 군림하거나 구성원보다 더 우수한 자가 아니라 리더와 구성원은 리더십 과정에 모두 함께 참여하는 연결 관계로 인식한 것이다. 다만 이러한 리더십 관계를 주도하는 것은

리더의 책임으로 보고 있다. 이러한 리더십 관계는 단순히 리더와 구성원에 국한되는 것이 아니라 리더에 의해 영향을 미치는 사람들이나 집단을 포괄하는 하나의 거시적인 영향력 관계로 인식하고 있다. 즉 리더십의 관계는 하나의 상태에 고착되지 않고 이끄는 이와 따르는 사람들 간의 동태적인 역학관계로 이해되고 있다. 따라서 리더십 관계는 리더가 일방적으로 지시하고 통제하는 것이 아니라 조직 구성원들을 이해하고, 그들과의 원활한 의사소통을 통해 활력을 고취시키며, 구성원들과의 인간적 유대를 돈독히 해 나가야 하는 관계이다.

둘째, 리더십은 과정(process)의 개념이다.

리더십은 공동목표를 달성하기 위하여 한 개인이 집단 성원들에게 영향을 미치는 과정이다. Locke는 리더십은 "공동의 목표를 위해 행동을 취하도록 구성원들을 설득하는 과정"이라고 규정하고 있다. 리더는 집단의 변화와 집단 활동의 중심에 위치하여 집단의 의지를 통합하는 지위에서 리더십을 수행한다. 즉 리더는 다른 사람들의 행동을 이끌어 내기 위해 어떤 것을 수행해야 한다는 것이다. 리더십 과정에 있어서 리더에게 부여된 권한이 리더십의 과정을 용이하게 할지라도 단순히 그 지위는 어떤 사람을 리더로 만드는 데 중요하지 않다. J. Gardner가 관찰한 바와 같이 리더십은 단지 '부여된 일정한 권한 이상'이라는 것이다. 일반적으로 리더십 과정은 선형적이거나 일방적인 것이 아니라 상호작용적인 것을 의미한다. 따라서 리더십의 과정은 조직 구성원들과 계속적으로 상호작용하면서 교감과 설득 등을 통해 자연스럽게 영향력을 형성해 나가는 과정이다.

셋째, 리더십은 기술(skills)의 개념이다.

리더십은 다른 사람의 행동을 이끌어 내는 역량으로서 단순히 강요나 지시에 의한 복종이 아니라 어떤 목표를 달성하기 위해 구성원들의 행동을 자발적으로 이끌어 내는 능력이나 지식이라고 할 수 있다. Locke는 "리더는 다양한 방법으로 그들 추종자들의 행동을 이끌어 내는 것"이라고 하였다. 이러한 리더십 기술은 강요가 아니라 자발성을 전제하고 있다. Rost는 1920년부터 1990년까지 221개의 리더십에 대한 정의를 수집하고 분석한 결과 "리더십은 어떤 사람이 다른 사람에게 어떤 것을 하도록 하는 것이라는 동일한 정의를 내리고 있다"고 주장한다. D. D. Eisenhower는 리더십은 "당신이 성취하고 싶은 일을 다른 사람이 원해서 하도록 만드는 기술"이라고 하였고, Jander는 리더십은 "리더, 추종자, 상황이라는 세 가지 구성요소의 상호작용하에서 조직목표의 달성을 위해 구성원이 자발적, 적극적으로 행동하도록 동기를 부여하고, 영향력을 미치는 리더의 쇄신적, 창의적인 기술과 능력이다"라고 하였다. 이러한 리더십의 기술은 모두 구비하는 것이 필요하지만 경우에 따라 어느 하나의 기술이 다른 기술에 비해 상대적으로 더 중요해질 수 있다. 그러나 오늘날과 같이 다양화, 민주화된 사회 속에서 요구되는 리더십 기술은 능력의 많고 적음이 아니라 상황에 맞게 운용하여 구성원으로 하여금 진정한 영향력을 이끌어 내는 기술이다.

이러한 리더십 개념의 발전과 함께 강조되고 있는 현대 리더십의 개념은 진정한 영향력을 지향하는 리더십이다. Chris Lowney는 "리더십은 삶 전체에 해당되고, 누구나 리더가 될 수 있으며, 또한 자기 삶의 리더가 되어야 한다"고 강조한다. 현대 리더십은 특정한 기업이나 조직 또는 정치의 영역에만 국한되지 않는다. 누구나 스스로 자신의 일을 리드할 수 있도록 하는 것이어야 한다. 사람마다 가치가 있는 존재이므로 그들의 가치는 최대한 존중되어야 한다. 리더십은 인간 삶의 형태로 존재하며 자신의 삶 속에서 형성된 것이므로 인간의 공동체적 삶의 원리에 맞도록 표출되어야 할 뿐만 아니라 개인의 가치를 실현시켜 줄 수 있어야 한다. 사람들은 자신의 욕구를 충족시키면서 사회적인 가치에 부합할 때 헌신적이고 열성적으로 행동한다. 오늘날 현대 리더십의 개념은 구성원의 자기실현은 물론이고 공동체적 목적의 구현에도 자발적이고 헌신적으로 행동을 유발시키는 진정한 영향력이 중요시되고 있다.

또한, 올바른 리더십을 지향하는 리더십의 개념이다. 대부분의 사람들은 리더가 옳은 일을 수행하고, 옳은 방법으로 수행하고, 옳은 이유를 위해 수행하고, 개인적으로 도덕적이기를 원한다. 리더십의 질은 수단의 윤리성과 리더의 행동목적 윤리성에 의해서 결정된다. 오늘날 리더십에 있어서 주된 관점은 리더십에 대한 정당화된 영향력을 분명히 하고 정확성을 부여하는 것으로서, 이는 도덕적 이론화만으로는 성취될 수 없다(T. L. Price, 2006: 27). 리더는 리더의 지위에 있다는 것만으로 도덕적 요구에서 제외되거나 그로부터의 일탈이 합법화될 수 없다. 리더가 도덕적 요구로부터 일탈하는 이유를 분명하게 호소하도록 하는 환경을 조성하고 유지하는 것이 필요하다. 오늘날 현대 리더십의 개념은 올바른 리더십의 관계와 과정, 기술을 중요시하고 있다.

오늘날 리더십에 대한 궁극적인 관심은 "무엇이 리더십인가"가 아니라 "무엇이 훌륭한 리더십인가"로 리더십에 대한 초점이 변화되고 있다. 여기서 '훌륭한(good)'이라는 말은 두 가지 의미가 있다. 하나는 도덕적으로 훌륭한 것이며, 다른 하나는 기술적으로도 훌륭하고 효과적인 것이다(Ciulla, op. cit: viii- x iv). 훌륭한 리더십은 유효성과 도덕성을 동시에 충족시키는 리더십이다. 이러한 관점에서 보다 적극적이고 전향적으로 접근한 리더십 이론으로서 리더십의 윤리적 접근 또는 리더십의 문화적 접근이다. 이러한 접근은 리더십을 단순히 리더와 구성원 간의 효율성 제고 차원의 영향력 관계로 한정하는 데 그치지 않고 구성원이나 조직, 리더십의 윤리적 당위와 문화적 가치 등을 리더십의 핵심요소로 인식하는 리더십의 접근이다.

그럼 현대 리더십에 있어서 새로운 연구양상으로 나타나고 있는 리더십의 윤리적 접근과 문화적 접근에 대해 살펴보기로 한다.


## 제3절 현대 리더십 연구의 양상

앞에서 살펴본 바와 같이 현대 리더십 연구의 양상은 여러 가지 다양한 이론의 모색에도 불구하고 리더와 추종자를 중심으로 한 조직목표의 효율적 달성에 주안을 둔 기존의 접근틀을 크게 벗어나지 못하고 있다. 이런 가운데 부분적이고 일부이지만 기존의 접근방법에서 벗어나 가치, 도덕성 및 윤리 또는 문화에 관심을 갖고 리더십에 접근하는 새로운 연구 양상이 나타나고 있다. 이른바 리더십의 윤리적 접근 또는 문화적 접근이다.

리더십의 윤리적 또는 문화적 접근은 리더와 추종자를 중심으로 한 리더십의 효율성에 초점을 둔 기존의 접근방법에서 벗어나 윤리 또는 문화 등 리더십의 근본적인 실체에 대해 접근하려는 것이다. 이러한 접근은 리더십을 윤리적 당위나 문화적 가치에 초점을 맞추고 구성원의 진정한 영향력을 도출하는 데 주안을 둔 리더십 이론으로서 기존의 리더십 이론과는 다른 관점을 갖고 있다.

이 절에서는 현대 리더십의 새로운 연구 양상으로 나타나고 있는 리더십의 윤리적 또는 문화적 접근을 중심으로 그 내용을 살펴보고 현대 리더십의 접근방법의 한계를 지적하고자 한다.

## 1. 리더십의 윤리적 접근

리더십에 대한 윤리적인 접근은 19세기 초 사회의 민주화, 개방화에 따라 리더의 도덕성과 리더십의 윤리성이 사회적 쟁점으로 등장한 사회적, 문화적 배경이 계기가 되었다. 그러나 근본적인 원인은 1950년대부터 사회 전반에 확산되기 시작한 과학적인 관리주의에 대한 반성이라고 할 수 있다. 당시 일부 리더십 학자들은 리더십의 지나친 성과 위주와 몰인간적·과학주의적 접근을 비판하면서 리더십의 윤리성에 대한 관심을 불러일으켰다. 이들은 조직의 중심적인 위치에 있는 리더의 신념과 가치는 조직 구성원의 가치형성에 중대한 영향을 미치게 된다는 사실을 인식하고 리더의 도덕성과 리더십의 윤리성이 리더십의 핵심요소가 되어야 한다는 점을 강조하였다. J. B. Ciulla는 "리더의 행동은 다른 사람들의 행동보다도 더 많은 사람들에게 영향력을 미친다. 우리는 리더를 역할모델로 본다. 그러므로 그들의 도덕적 실패나 성공은 리더가 아닌 사람들보다 더 큰 무게와 강도로 옮겨진다. 따라서 윤리에서 중요한 문제는 또한 리더십에서의 중요한 문제가 된다(J. B. Ciulla, 2003: xi)"라고 강조하였다. 이러한 인식에도 불구하고 아직까지도 리더십의 윤리적 접근은 이론적으로 통일된 개념이 정립되어 있지 않으며, 접근방법에서는 정량적, 정성적 연구방법이나 측정도구도 미흡한 실정이다. 또한 리더십 윤리는 인간 행동에 관한 보편적인 이론으로서 수용될 수 있는 전통적 방식에 의한 실증적 연구의 뒷받침이 결여된 상태라고 할 수 있다.

리더십에 대한 윤리적 접근은 리더활동에 있어서 윤리를 최우선 가치로 인식하고 투명하고 공정하며 합리적으로 업무를 수행하는 리더십의 이론체계와 실천을 연구하는 접근방법이다. 이는 리더십의 효율성이나 효과성 등 경제적 차원보다는 윤리성을 핵심요소로 인식하고 이를 강조한다. 대부분의 리더십 연구가 리더와 구성원 간의 상하관계 또는 교환관계를 강조하는 데 비해 윤리적 접근은 리더가 구성원에게 그 이상의 가치, 비전, 헌신 등을 창출함으로써 구성원의 진정한 행동력을 이끌어 내는 데 주안을 둔다. 즉 조직이나 집단의 목적을 효과적으로 달성하는 리더십보다 올바르게 수행하는 리더십에 초점을 둔 접근이라고 할 수 있다.

일반적으로 리더십의 윤리적 접근은 리더의 행동(leaders' conduct)과 리더의 품성(leaders' character) 등 두 가지 범주로 나눌 수 있다. 전자는 리더의 행위결과에 대하여 그 행동의 옳고 그름을 판단하는 데 주안을 두고 있다면, 후자는 리더의 도덕적 품성은 타고난 것이 아니라 관행을 통해 학습되고 획득되는 것으로 보고 도덕적 가치와 훈련 개발에 주안을 두고 있다(신철우, 2004: 127–129). 그러나 이러한 접근은 리더십 당위에 대한 윤리적 판단과 실천이라는 관점에서 일맥상 통한 성격을 지니고 있다.

여기서는 리더십의 당위와 실천의 통합적인 차원에서 고찰한 선행 연구를 중심으로 리더십의 윤리적 접근에 대해 살펴보고자 한다.

첫째, 리더십의 가치적인 측면에서의 접근이다. 이 접근은 보편적인 가치체계를 통해 리더와 구성원의 생각을 공유하고 상호행동을 유도할 수 있다고 보는 관점이다. 즉 리더를 자신과 구성원, 조직 시스템의 변화와 혁신을 촉진시키는 역할자로 인식하고, 리더십을 구성원들의 발전 요구를 지각하여 이러한 요구를 리더와 조직에 결합시키는 과정으로 인식한다.

R. Heifetz는 세계적인 리더들에 대한 관찰과 분석을 통해 가치적 리더십 이론을 정립하였다. 그에 의하면 리더는 구성원이 작업환경이나 사회와 문화 속에서 상충되는 가치에 잘 대응해 나가도록 도움을 주고, 갈등에 대처하고, 갈등으로부터 변화를 이끌어 낼 수 있도록 영향을 미치는 역할자로 인식한다. 그리하여 구성원들로 하여금 도전에 응하도록 하고, 관점을 바꾸도록 하며, 서로 효과적으로 일할 수 있는 새로운 방법을 배우도록 권한을 사용한다. 또한 구성원의 관심을 유도하고, 갈등을 조정하며, 문제를 구상하고, 문제해결을 지원하기 위해 자원을 할당한다. 개인이나 집단에 권한을 위임하며, 개인에게 영향력을 미쳐 채택된 업무를 성취하도록 집단적 노력을 동원하기도 한다. 리더는 구성원으로 하여금 이슈(issue)에 대한 주의를 집중시키고, 정보의 사실 여부를 검증하고, 이슈들의 관리와 구체화 및 상충되는 관점을 조화시키고 결정과정을 촉진시키는 역할을 한다.

이러한 접근에서 리더는 가치를 명료화하고 조직 내에 가치를 전달하는 역할을 통해 구성원들이 우수성과 향상된 자기 결정성, 상호 간의 성장을 위한 가치를 지원하는 문화를 창조하는 것이다. 리더는 합리성과 가치에 대한 호소, 그리고 권위를 통해 영향력을 발휘한다. 아울러 구성원들이 어려운 문제를 해결하기 위해 권한의 사용과 함께 신뢰, 지도, 감정이입 등을 통해 구성원들에게 수용 가능한 환경을 제 공한다. 이러한 환경 속에서 구성원은 자신의 문제에 대응하고 처리 하는 데 있어 안정감을 갖게 된다. 유능한 리더는 필요한 상황에서 리더십을 행사할 수 있도록 책임을 감수함으로써 비공식적 권위를 획득할 수 있다. 구성원들의 의미 있는 변화는 영웅적인 개인에 의해 성취되는 것이 아니라 공유된 가치에 의해 실현된다는 것이다. 리더 십의 가치적 측면에서의 접근은 구성원들이 신속하게 변화하는 직무 환경에서 나타나는 가치관의 갈등을 다루는 데 도움을 주는 것을 리 더의 역할로 보는 등 리더십과 가치를 직접적으로 연계시키고 있다는 점에서 윤리적 함의를 지닌다.

둘째, 리더십의 도덕성 측면에서의 접근이다. 리더와 추종자 간 도 덕수준과 동기수준을 높이는 도덕성의 고양과정을 통해 구성원의 인 간주의적 행위와 윤리적 열정을 향상시키는 데 주안을 두고 있다. 이 러한 접근은 변혁적 리더십 이론의 관점에서 잘 나타나고 있다. J. M. Buns는 변혁적 리더십 이론에서 리더십을 목적과 수단뿐만 아니라 리더와 구성원의 도덕적 행동수준과 윤리적 열망수준을 고양시키는 과정으로 규정하였다. 리더는 구성원의 윤리의식을 증대시키고 가치 에 대한 갈등의 해결에 조력한다. 이를 통해 리더와 구성원 양쪽의 도덕성 수준을 높이고, 구성원의 개인적인 동기 유발과 도덕성 개발에 유의하고, 구성원이 스스로 자신의 가치와 욕구를 평가하게 함으로써 더 높은 수준의 가치에 이르도록 하는 것이다. 또한 K. A. Leithwood는 리더는 직접적인 이해관계 대신 초월적 목표를 달성하는 데 관심을 갖고 안전의 욕구보다는 성취감 및 자아실현을 위하여 직무를 수행하도록 추종자를 동기화시키는 것이라고 주장한다.

이와 같이 변혁적 리더는 구성원들의 개인적인 동기 유발과 도덕성 개발에 유의하는 것이다. 리더들은 조직의 가치와 규범을 명확히 하고, 조직의 문화에 영향을 미치고, 조직문화의 의미가 구체화되도록 돕는다. 또한 리더와 구성원은 모두에게 유리한 공동의 목표를 지향하도록 노력하면서 변화를 시도해야 하며, 자신들이 결정한 목표 이상의 사회 공동체의 목표에 주의를 기울일 필요가 있음을 인식한다. 리더십의 도덕성 측면에서의 접근은 리더십을 구성원들로 하여금 도덕적으로 승화시켜 마음과 행동을 움직이게 하고, 영감을 불러일으키고, 고양시키는 도덕적 과정을 리더십의 당위로 인식하고 있다는 차원에서 윤리적이라 할 수 있다.

한편, 변혁적 리더십의 일종인 카리스마(charisma)적 리더십은 리더의 높은 수준의 자신감, 도덕적 신념, 신비로운 자질, 탁월한 능력, 존경, 추종 등을 핵심으로 하고 있다. J. House는 어떤 개인에게 영적, 심적, 초자연적인 특성이 있을 때 추종자들이 이를 신봉함으로써 리더십이 생성되며, 특히 리더의 강건한 신체, 언변술, 자신감 등과 같은 능력과 진실성, 용기 등과 같은 인격적 탁월성을 강조하였다. Conger와 Kanungo는 카리스마는 매우 특별한 사람만이 가질 수 있는 신비스러운 자질이 아니라, 리더의 행동에 대한 구성원의 지각에 의해서 이루어지는 귀인현상으로 개념화하였다. 카리스마적 리더는 높은 도덕성,

합리적 인간관계, 성공과 탁월한 실무지식 등을 바탕으로 조직 내 권한위임을 통한 구성원들의 자신감을 제고시키고 미래에 있어 모델이 되기도 한다(최익용, 2006: 21). 이러한 카리스마적 리더십의 접근은 리더가 권한이나 직위에 의한 지시나 명령이 아니라 도덕성이나 능력, 또는 비전이나 가치를 리더십의 당위로 인식하고, 이를 구성원들에게 각인시켜 진정한 영향력을 이끌어 낸다는 점에서 리더십의 윤리성을 함의하고 있다.

셋째, 리더십의 봉사적 측면에서의 접근이다. 이러한 접근은, 리더십은 본질적으로 남을 섬기려는 사람에게 부여되는 것으로서 리더가 되기 위해서는 봉사자가 되어야 한다고 인식하고 구성원에 대한 봉사에 초점을 두고 접근한 것이다. 대표적으로는 R. K. Greenleaf의 서번트 리더십(servant leadership)이다. 서번트 리더십에 있어서 리더는 추종자들의 관심에 주목하고, 그들과 감정이입을 하며, 그들을 돌보고 양성하는 봉사자로 보고 있다. 따라서 어떤 개인이 리더로 부상하는 길은 먼저 봉사자가 되는 것이다. 봉사적 리더는 시중드는 일, 갖지 않은 자들(have-nots)에 대한 관심, 그리고 그들을 조직생활에 있어서 대등한 이해관계자로서 인식해야 할 사회적 책임을 갖는다(J. W. Graham, 1991: 105-119). 이러한 접근은 제도적 권력과 통제의 사용을 자제하고, 구성원들에게 권한을 위임하고, 다른 사람의 말을 경청하고, 감정이입을 하며, 무조건적 수용을 강조한다. 이러한 리더십의 봉사적 측면의 접근은 구성원들의 관심에 유의하여 구성원의 입장에서 느끼고 생각하며 동시에 그들을 보살피고 양육해야 한다는 이타성을 리더십의 당위로 인식하고, 리더의 구성원에 대한 헌신적이고 희생적인 보살핌을 강조한다는 점에서 윤리적 함의를 내포하고 있다.

이러한 리더십의 윤리적 접근에서 나타나는 공통적인 특징은 리더와 구성원 간에 가치공유를 강조한다는 점, 리더는 구성원 스스로 동기가 부여되도록 촉진자로서의 역할을 담당한다는 점, 영향력의 원천이 상호 신뢰라는 점 등으로서 윤리적 리더십이 지향하는 이념과 맥을 같이한다. 그러나 이러한 접근은 리더십의 윤리적 당위성을 지나치게 강조함으로써 리더십의 실제인 문화적 가치와의 관계를 간과하고 있다는 점이다.

오늘날 현대 리더십의 실제에서는 단순히 리더의 윤리적 당위만으로 접근하는 것은 리더십의 실체를 완전하게 이해하는 데 한계를 갖는다. 리더십의 윤리적 당위는 이론적 분석이나 체계 발전만으로 리더십의 다양한 상황에서 상존하는 리더십의 실제와의 괴리를 극복할 수 없다. 리더십은 윤리적 당위와 함께 리더십의 실제의 문화적 가치에 유의할 필요성이 제기된다. 이런 차원에서 접근한 것이 리더십의 문화적 접근이라고 할 수 있다.

## 2. 리더십의 문화적 접근

모든 사람들은 사회의 구성원이며 사람들의 삶은 사회구조적 특징들의 총체로서 그 사회의 문화적 특성과 관련되어 있다. 리더십도 사회구조 속에서 이뤄지는 과정이므로 근본적으로 문화와 밀접하게 관련되어 있다. 따라서 리더십의 실체는 문화를 고려하지 않고는 정확하게 파악할 수 없다. 이러한 차원에서 리더십에 대한 문화적 접근의 필요성이 제기된다.

리더십의 문화적 접근은 오늘날 복잡하고 다양화된 사회에서 리더와 추종자, 상황의 도식화된 구도를 전제한 효율성 차원을 넘어 사회의 문화적 구조 속에서 리더십을 다루는 것이다. 이러한 접근은 리더와 추종자 간의 관계 본질이 아니라 리더와 추종자의 관계에 배여 있는 사회문화적 맥락에 초점을 두고 리더십의 실제적 바탕이 되는 사회의 역사적 전통이나 관습, 제도 등과 같은 문화적 속성을 고려하여 리더십에 접근하는 것이다. 리더십의 문화적 접근은 문화와 리더십과의 밀접한 관련성에 주목하고 문화가 리더십에 미치는 영향력과 개별 문화 전통이 리더십의 행태와 유효성에 어떤 영향을 미치고 있다는 가정에 바탕을 두고 있다.

리더십의 문화적 접근은 1980년대 기업을 중심으로 조직 효율성의 중요한 변인으로 조직문화가 등장하면서 많은 학자들이 관심을 갖기 시작했다. J. Grenny는 리더는 조직문화의 변화를 통해 목표를 달성하는 리더가 되어야 하며, 전통적인 주도자형 리더가 아니라 자신의 철학과 가치를 사람들이 공유할 수 있도록 구성원을 설득하고, 끊임없이 대화하고, 공감대를 형성해 나가야 한다고 강조했다. 이러한 관점에서 리더는 자신의 역할이나 업무수행 능력뿐만 아니라 조직 내의 사회적 위상이나 직분, 그리고 상징과 의미 등 조직문화와 같은 집합적 요인 등에 관심을 가져야 한다.

일반적으로 리더십과 문화와 관련해서는 두 가지 관점이 존재한다. 하나는 세계가 하나가 되면서 리더십도 세계적으로 보편적인 하나의 리더십으로 수렴된다는 주장이며, 다른 하나는 각국의 문화적 특수성이 지역 리더들의 행동을 지배한다는 주장이다. 전자는 다양한 국가와 문화에서 효과적인 리더십이 공통적으로 나타나고 있다고 주장하는 문화수렴론이며, 후자는 문화에 따라 효과적인 리더십 특성 및 행동이 다르게 나타날 수 있다고 주장하는 문화차별론이다.

리더십의 문화수렴적 관점은 한 집합체 내에서의 문화적인 힘이 보편적으로 수용적이고, 활성화되며, 이러한 문화적 힘이 효과적인 리더 행위들에 영향을 미친다고 보는 관점이다. 이러한 관점은 어떤 리더의 행동들은 보편적으로 혹은 거의 보편적으로 수용되고 효과적이라고 보는 것이다. 리더들은 어떤 문화에서든지 동일한 문제를 다루고 있기 때문에 그들의 행위는 단지 그들이 수행하고 있는 관리기능에 관련될 뿐이라는 것이다. 현대사회의 개방화, 세계화에 따른 문화의 보편성 진전에 따라 리더십의 보편성은 그 범위가 확대될 것임은 분명한 사실이다.

그러나 이러한 리더십의 보편성은 문화적 차별성을 극복함에 있어서 한계와 현실적 적용 가능성에 대한 의문이 제기된다. 즉 각국의 문화풍토에 걸맞은 리더십 이론이 필요하다는 것이다. 문화차별적 관점에서는 리더행위의 보편성은 서구적 우월주의와 같은 편향된 시각이나 일종의 관념 차원으로서 현실적인 적용에는 한계를 극복할 수 없다고 인식하고 오히려 문화적 특성에 부합하는 리더십 행위를 모색하는 것이 바람직하다고 주장한다. A. Nahavandi에 의하면 리더십은 문화 밖에서 존재하는 것이 아니라 문화 속에서 이루어지며, 어떤 행동과 스타일이 성공에 핵심적으로 간주되고 있느냐는 문화에 따라 다르며, 상이한 문화들을 관통하는 공통적인 요소들이 존재할 수도 있다는 것이다. 이는 리더행위에 대한 보편적 명제는 문화수렴론이나 문화차별론 어느 하나의 관점으로 극복할 수 없는 새로운 차원의 접근 필요성을 시사하고 있다. 즉 리더십에 있어서 문화적 가치와 전통은 다양한 방법으로 리더의 태도와 형태에 영향을 미칠 수 있지만 리더십은 문화 이외의 다른 상황적 변수에도 영향을 미친다는 점이다(정우일, 2006: 441).

최근에는 이러한 관점을 종합적으로 접근해야 한다는 주장이 부상하고 있다. 즉 리더십에 있어서 문화를 고려하는 것은 필요요소이며 그렇다고 해서 문화 그 자체만으로 리더십의 결정요소가 될 수 없다는 관점이다. 문화적 보편성만을 주장함으로써 현실적으로 나타나는 고유하고 특이한 현상을 무시하고 반복적이고 일반적인 법칙만을 강조하거나, 아니면 차별성을 지나치게 강조함으로써 문화적 상대주의나 편협한 주관주의로 전락해서는 안 된다는 것이다(신유근, 1992). 따라서 리더십에 있어서 문화적 접근은 문화적 보편성과 차별성의 이분법적 시각에서 탈피해 일차적으로는 특수성에 주목하면서도 이러한 연구를 토대로 보다 일반적 상황에 적합한 이론으로 발전시키는 접근이 필요한 것이다(이호연, 2006: 29).

이러한 리더십의 문화적 접근은 리더십의 실제인 문화적 가치에 주목하고 있기는 하지만 문화적인 맥락 속에서 형성되는 집단적 관계가 갖는 윤리성에 대해서는 간과하고 있다. 리더십은 문화적 맥락에서 존재하기 때문에 윤리적 본성을 갖고 있으며 집단적인 관계이기 때문에 윤리적이어야 한다. 리더십의 실제인 문화적 가치는 일반적으로 인식되는 윤리적 이상의 당위에 바탕을 두어야 한다. 그럼에도 불구하고 리더십의 문화적 접근은 리더십의 실제로서 문화적 가치를 인정하면서도 그 바탕이 되는 리더십의 윤리적 이상의 당위와의 관련성에 대한 궁구는 간과하고 있다고 할 수 있다.

## 3. 기존 접근방법의 한계와 문제점

현대 리더십 이론은 리더십에 대한 논리적이고 실증적인 연구를 통해 주관적인 사고의 영역 속에 존재하고 있었던 리더십을 과학의 영역으로 끌어내었다는 평가가 일반적인 시각이다. 하지만 리더십의 실체에 대한 근본적인 접근보다는 리더십의 유효성에 치우침으로써 리더십의 윤리적 당위나 실제의 문화적 가치와의 상관성이나 전체로서의 역동성을 간과하거나 무시하고 있다는 비판을 받고 있는 것도 사실이다.

이러한 현대 리더십의 기존 접근방법이 갖고 있는 한계와 문제점은 다음과 같이 세 가지를 지적할 수 있다.

첫째, 현상 위주의 접근에 따른 리더십의 정체성 파악의 한계이다. 리더십은 리더, 추종자, 상황 등으로 구성되지만 실제로 발휘되는 리더십은 이들 요소들이 상관적 관계 속에서 서로 작용하면서 역동적인 전체로서 나타난다. 이는 리더십이 전반적으로 복합적, 총체적, 과정적, 집단적 성격을 지니고 있기 때문이다. 리더십은 외부로 드러나는 현상일 뿐만 아니라 그 현상 속에 내재되어 있는 내적 과정을 통합적으로 고려해야만 리더십의 정체성에 접근할 수 있는 것이다. 특성, 행위, 상황에 초점을 두고 있는 기존의 리더십 이론은 리더십의 근본적인 실체보다 형태나 기술 등과 같은 외부로 드러나는 현상적인 접근에 치중하고 있다. 또한 윤리나 문화적 영역으로 범주화하는 윤리 또는 문화적 접근 역시 효율성에 바탕을 두고 리더와 구성원 간 관계에서 형성되는 영향력 수준의 범주를 벗어나지 못하고 있다. 이러한 접근들은 대체적으로 리더십 현상이나 형태를 중점적으로 다룸으로써 리더십의 내적 그리고 외적 과정에 대해 통합적인 연구를 소홀히 한 경향이 있다. 리더십의 내적 과정을 무시한 현상 위주의 접근으로는 리더십의 정확한 실체를 이해하는 데는 한계를 갖고 있다. 따라서 바람직한 리더십의 연구는 리더십의 근본적인 실체에 대한 추상적이고 복잡한 현상을 지각할 수 있는 적절한 메타포(metaphor)의 탐색을 통해 리더십의 정체성을 파악할 수 있어야 한다.

둘째, 유효성 위주의 접근에 따른 리더십의 적실성 한계이다.

리더십은 단순히 경제적 차원의 효과를 뛰어넘어 구성원에 대한 자기실현 욕구의 충족과 인간다운 삶을 구현시키는 사회문화적인 차원에서의 기능을 동시에 갖고 있다. 오늘날 우리 사회의 개방화, 민주화와 다양화에 따라 리더십에 있어서 경제적 유효성과 함께 리더 행위의 도덕성, 리더십 과정의 윤리성, 추구하는 목적의 합리성 등 가치적 요소가 중요시되고 있다. 그럼에도 불구하고 기존의 리더십 접근은 경제적인 가치인 효율성에 치중함으로써 리더십 과정에 있어서 리더십의 윤리성과 도덕성이 간과되거나 무시되어 리더십의 적실성을 약화시키고 있다. T. L. Price는 "오늘날 리더십에 있어서 윤리적 잘못에 대한 심각한 현상은 관련된 결정, 행동, 혹은 정책에 대한 비도덕성을 결코 의심하지 않는다는 사실이다"라고 지적하고 있다(Terry L. Price, 2006: 12). 따라서 바람직한 리더십의 접근은 기존 리더십의 경제적이고 물질적 효과에 치중한 주변적 접근에서 벗어나 리더십의 당위와 문화적 가치와의 조화를 통해 리더십의 진정한 영향력을 도출할 수 있도록 해야 할 것이다.

셋째, 실증적인 접근에 따른 리더십의 역동성 인식의 한계이다.

기존의 접근은 리더십을 실험과 조사를 통해 실증적으로 접근함으로써 리더십을 과학적이고 체계적으로 이해하고 개발하고 훈련시킬 수 있는 계기를 만들었다. 그러나 리더십은 리더의 신념체계와 주위의 여러 가지 관련 요인과의 역동적인 관계 속에서 이뤄지는 것이고 수시로 변화하는 것으로서, 실증적인 결과치만을 고려하는 연구는 일시적이고 단편적인 접근에 불과하다. 현대 리더십 이론은 역사적 사실이나 현상을 바라보게 하는 안내자로서의 기능을 수행하기에는 지나치게 작고 다양한 의미로 분해되어 심각한 지적 위기에 봉착하고 있다. 기존의 접근은 과학적인 측정방법을 통한 리더십 연구에 천착함으로써 리더십이 사회과학적 연구의 대상으로 그 영역을 한정시키는 결과를 초래하였다. R. E. Quinn은 실제로 효과적인 리더십은 우리가 종종 반대되는 속성으로 간주되는 것들의 역동적인 전체로 이루어지며, 고정된 목록으로 구성된 특징이 아니라 역동적이며 복합적이고 살아 꿈틀대는 과정으로 인식할 것을 강조하였다(R. E. Quinn, 최원종 외 옮김, 2004: 116-136). 리더십은 과학적인 측정 도구나 방법으로 완전히 인식할 수 없는 영역으로서 이러한 리더십의 역동성에 접근하기 위한 새로운 접근방법의 개발이 필요하다.

앞에서 살펴본 바와 같이 현대 리더십 이론의 발전과정에서 보이는 방향성 또는 규칙성은 리더십이 궁극적으로 도덕성이나 가치 등과 같은 질(質)적 영역으로 발전하고 있다는 사실이다. 즉 리더십 관계 면에서는 리더 중심에서 리더와 추종자의 관계로 확장되고, 리더십 과정 면에서는 리더의 일방적인 권한 행사가 아니라 구성원으로 하여금 조직의 목표와 의사결정 과정에 참여함으로써 스스로 가치를 공유하고 동기를 유발하는 가치체계의 변화과정으로 인식하며, 리더십의 기술 면에서는 추종자의 자발적이고 헌신적인 행동을 이끌어 내는 진정한 영향력을 추구하고 있다.

이러한 리더십 이론의 발전 추세는 리더십의 대상이나 과정, 리더십의 영향력에 대한 인식에 근본적인 변화라고 할 수 있다. 즉 리더십의 영향력 동인이 리더의 지위나 권력에서 리더의 도덕성이나 윤리성에 기초한 신뢰성으로 질적인 변화를 지향하고 있음을 의미한다. 그리고 리더십이 조직목표의 달성을 위한 수단이나 방법의 차원을 넘어 정당하고 적실성 있게 수행되어야 할 하나의 사회적 과정이자 기능으로 인식하고 있다는 것이다. 이러한 흐름은 오늘날 요구되는 리더십의 접근방향이 단순히 효율성의 차원을 넘어서서 도덕성과 윤리성, 가치와 문화 등 리더십의 실체에 대한 근본적이고 종합적인 성찰의 필요성을 시사하고 있다.

# ■■■ 제3장　리더십의 윤리문화적 접근

앞 장에서 현대 리더십 이론은 그간의 지속적인 연구와 발전에도 불구하고 현대사회의 리더십에 대한 새로운 기대와 요구를 충족시키지 못하고 있으며, 리더 중심의 효율성 차원의 접근이나 윤리 또는 문화적 가치를 개별적으로 접근한 리더십으로는 진정한 영향력을 이끌어 내는 데 한계가 있음을 확인하였다. 이러한 한계는 리더십을 조직이나 집단의 관리, 목표 달성을 위한 수단이나 도구의 차원에 지나치게 치우친 접근에서 비롯된 결과라고 할 수 있다.

리더십은 삶의 한 부분이며 하나의 사회현상이라고 할 수 있다. 현대사회의 정보화, 개방화, 다양화에 따라 리더십의 환경도 변화하고 리더십에 대한 기대와 요구도 달라지고 있다. 현대 리더십은 단순히 조직목표의 달성뿐만 아니라 개인가치의 실현과 공동체의 목적을 동시에 구현할 수 있어야 한다. 그리고 무엇보다도 구성원으로 하여금 자발적이고 헌신적으로 참여하게 할 수 있어야 한다. 이를 위해서는 리더십의 윤리와 문화의 역동성 속에서 발휘되는 근본적인 실체에 대한 종합적인 접근이 필요하다. 효율성 차원을 넘어 리더십의 윤리적 당위와 문화적 가치와의 관계성을 고려하여야 한다. 이러한 접근을 여기서는 리더십의 '윤리문화적 접근'이라고 규정하고 있다. 즉 윤리문화라는 인문학적 개념을 리더십에 적용하여 현대 리더십의 한계와 문제를 근원적으로 해결하고자 하는 접근방법이라 할 수 있다.

이에 본 장에서는 먼저 리더십의 이념적 기반이 되는 윤리문화에 대한 리더십적 함의를 도출하고 이를 토대로 리더십의 윤리문화적 접근개념과 이를 적용한 리더십의 윤리문화적 접근방법을 모색하고자 한다.


## 제1절 리더십의 이념적 기반: 윤리문화

리더십의 이념적 기반은 리더십의 근본적인 실체를 지탱하는 이론적 근거이자 철학적 토대라고 할 수 있다. 인간은 근본적으로 자신의 욕구를 충족시킬 수 있고 동시에 그것이 사회적으로 가치 있고 올바를 때에 적극적으로 행동한다는 것은 일반화된 사실이다. 따라서 현대 리더십에서 구성원 모두가 자기실현과 공동목표의 구현에 자발적이고 헌신적으로 행동하는 진정한 영향력을 이끌어 내기 위해서는 개인과 조직, 공동체를 아우르는 이념적 기반이 있어야 한다. 이러한 리더십의 이념적 기반으로서 윤리문화라는 개념을 고찰하려고 한다. 여기서 '윤리문화'는 기본적으로 윤리와 문화라는 말로 구성되지만 윤리와 문화의 단순한 조합이 아니라 윤리와 문화의 성격이 융섭(融攝)된 새로운 영역을 의미하는 개념이다. 이러한 윤리문화의 개념을 고찰하기 위해 먼저 윤리와 문화의 개념에 대해 살펴보기로 한다.

일반적으로 '윤리(ethics)'는 일정한 사회에서 사람과 사람과의 관계를 규정하는 규범·원리·규칙이라고 정의한다. '윤리'라는 말의 '윤(倫)' 자는 사람이라는 '인(人)'과 뭉치다는 '윤(侖)'이 합성되어 만들어진 한 자어로서 인간집단을 가리키는 말이다. '리(理)'는 '결(結)' 또는 '길'이라는 말로서 이치·이법 또는 도리를 가리키는 말이다(김태길, 2009: 433－434). 따라서 윤리라는 말은 '인간사회의 결 또는 길'이라는 의미를 갖는다. 물리(物理)가 사물의 이치라고 한다면 윤리는 인간관계의 이치라고 할 수 있다.

인간은 사회를 떠나서는 살아갈 수 없는 사회적 동물이다. 따라서 인간은 자기가 원하든 원치 않든 공동체 사회의 일원으로 태어나 공동체 생활을 할 수밖에 없다. 공동체 생활은 일정한 생활양식을 갖고 있으며 개인은 사회의 한 구성원으로서 그 사회의 생활양식을 따라야 한다. 윤리는 사회 구성원이 함께 살기 위한 규칙이고, 인간과 인간이 공존하기 위한 인간행동의 원리이며, 공동체 사회의 존립근거라고 할 수 있다. 이런 차원에서 윤리는 본질적으로 규범적 성격을 지니고 있다. 도덕이나 법률을 자각적인 행위규범이라고 한다면, 관습이나 습속은 무자각적인 행위규범으로서 이들은 모두 규범적 성격을 지니고 있다. 특히 윤리는 자연의 필연적이고 존재적인 원리인 물리와는 달리 인간의 자유의지에 의한 주체성을 갖는다는 점이다.

인간은 자유의지에 의해 그 행위의 기준과 방법이 달라질 수 있다. 따라서 윤리는 인간관계에 있어서 지켜야 할 보편적인 이치라는 본질적인 영역과 사회적 상황과 여건에 따른 인간의 주체적 태도라는 실천적인 영역을 함께 포함하고 있다. 이에 따라 윤리는 특정한 상황에서 무엇이 옳고 그르며 또한 무엇이 좋고 나쁜가에 관하여 의사결정을 하는 지침이 되는 법칙과 원칙의 체계, 또는 합리적 정당화와 현명한 판단이 요구되고 윤리적 실제가 상호작용하여 작동되는 실천이 강조되고 있다.

여기서 윤리적 보편성을 강조하는 절대주의적 관점과 개인의 가치관이나 사회의 문화와 전통, 시대와 장소, 그리고 상황에 따라 달라져야 한다는 상황을 강조하는 상대주의적 관점으로 나뉜다. 전자는 도덕적 본성에, 후자는 도덕적 현상에 주안을 두고 있지만 공통적으로 인간관계의 보편적 이치와 이에 대한 적용의 문제를 핵심으로 다룬다. 오늘날에는 윤리적 절대주의와 상대주의의 입장을 모두 포괄하는 것이 바람직하다는 견해가 설득력을 얻고 있다.

윤리적 절대주의는 윤리 규범을 어느 시대, 어느 누구에게나 타당성을 갖는 선험적인 법칙, 영원불변한 것으로 보는 것이다. 이는 기독교사상 혹은 Platon의 Idea설에 근원을 두고 있다. 인류 역사를 관통하여 변하지 않는 원칙으로 지켜야 할 윤리적 기준 혹은 법칙은 시대와 장소에 따라 해석과 적용은 유연성과 융통성을 가질 뿐이지 근본원리 자체가 변하는 것은 아니라고 보는 것이다. 따라서 윤리적 절대주의는 현실적으로 사회생활에 그대로 적용하기에는 어려움이 제기될 수 있다. 한편, 윤리적 상대주의는 시대와 사회가 변함에 따라 윤리의 규범도 변한다는 것으로 보는 관점이다. 19세기 말에 H. Spencer에 의해 이론체계가 정립된 것으로서 윤리적 문제에 관하여 상황적이고 개인적인 입장을 중시한다. 즉 윤리성의 판단은 개인의 가치관이나 사회의 문화와 전통, 시대와 장소, 그리고 상황에 따라 달라져야 한다는 상황을 강조하는 입장이다. 윤리적 상대주의는 윤리적 현실에 주목하여 인간의 개별성과 독자성을 강조한다는 면에서 타당성을 갖는다.

이러한 성격으로 인해 윤리는 역사적으로 또는 문화적으로 다르게 나타나고 있다. 윤리는 십계명과 같은 정적인 규범체계가 아니라 계속되는 변형과 조정, 그리고 적응의 과정을 거치게 된다. 오늘날 윤리는 원칙적으로 전통적인 사회규범이나 관습 혹은 문화적 특성을 존중하는 입장에서 시대적 상황에 걸맞게 신중하게 해석하고 적용하는 지혜가 필요하다는 주장이 제기되고 있다. 따라서 윤리는 윤리적 실제인 문화와 불가분의 관계성을 내포하고 있다.

'문화(culture)'는 원래 문화인류학의 영역에서 정립되었으며 그 후 사회학, 심리학, 비교경영학 등 다양한 학문영역에서도 다루어지고 있다. 문화는 '육체나 정신적 재산을 돌본다'는 의미의 라틴어 'cultura'에서 유래된 말이다. 17세기 이후 유럽을 중심으로 'culture'라는 말이 사용되면서 이 말에는 민족이나 사회의 정신적 또는 예술적 표현의 총체로서의 의미를 내포하게 되었다.

문화에 대한 정의는 학자들의 입장과 관점에 따라 다양하게 나타나고 있다. 문화란 '인간집단의 구별되는 성취와 상징물의 구현을 포함하는 표상들에 의해 주로 획득되고 전달되는 사고, 감정, 반응의 일정한 양식'(Kluckhohn, 1951) 또는 '인간에 의해 창조되고 변화된 환경의 부분'이라고도 하며(Traindis, Vassiliou, Tonaka, Shanmugan, 1972), '지식, 경험, 의미, 신념, 가치, 태도, 종교, 세상에 대한 개념, 자신과 세상에 대한 관계, 역할 기대, 공간 관계, 개인과 집단의 노력을 통하여 세대를 거쳐 대규모 집단에 의해 획득된 시간 개념들의 집적물'(Samovar & Porter, 1976), '학습되고 공유되고 강제적이며, 상호 관련된 의미 있는 상징체계로서 사회 구성원들에게 일련의 방향을 제공하는 것'(Terpstra & David, 1991) 등으로 정의하고 있다. 특히 E. B. Taylor는 문화를 '지식, 신앙, 예술, 법률, 도덕, 관습 및 사회의 한 성원으로서 인간에 의해 획득된 모든 능력과 습관들을 포함하는 복합 총체'라고 하여 문화의 포괄적인 성격을 강조하였다(E. B. Taylor, 1871: 91). 오늘날 인류학에서는 이러한 포괄적인 문화개념이 널리 사용되고 있다.

현대사회에서 문화에 대한 인식은 독립적이고 자율적인 그 자체의 체계 혹은 영역이라기보다는 우리들 일상생활의 조건에서 나타나는 주요 변화들에 대한 반응으로 이해하려는 인류학적 연구가 일반적인 흐름이다(김광억, 1998: 7). 즉 문화는 '한 집단의 생활양식의 총체'로서 한 사회에 사는 사람들은 대부분 어떤 상황이 발생하면 거의 같은 식으로 반응하는 이른바 '행위의 평준(standard)'을 의미한다. R. Linton에 의하면 행위의 평준은 인류학자들이 말하는 문화의 유형이다. 문화유형이 없으면 어떤 사회도 기능과 존속이 어렵다. 문화유형은 행위와 의견의 일치이며 이 유형들의 조직적 집합체가 문화 전체이다. 문화 전체는 사회 구성원에게 필수 불가결한 모든 지침을 제공하기도 하고 구성원의 행동을 예측하게 할 수 있다. 이러한 예측 가능성은 사회 구성원으로 하여금 그 사회의 문화유형을 따르도록 유도한다.

한편, 문화의 한 부분인 주관적 측면에 한정하여 인간의 실제적 행동의 결과보다는 그러한 인간의 행동을 가져오게 한 규칙이나 원리를 구별하여 문화라고 규정하면서 문화를 인간행동을 지배하는 규칙, 원리로 한정하기도 한다. 이러한 문화의 기능과 구조나 관념체계는 윤리적 당위를 다양한 습속이나 도덕 또는 법과 같은 규범으로 나타나게 한다. 윤리적 당위는 문화를 통해 다양한 형태로 구현된다. 여기서 윤리적 당위의 적실성과 문화적 가치의 윤리성에 대한 문제가 제기된다.

윤리적 당위(當爲)는 '당연히 해야 하는 것'으로서 일반적으로 윤리적 판단의 기준이 된다. 이는 공동체를 유지하고 이를 지탱하는 보편적인 규범이나 원칙이라고 할 수 있다. 그러나 윤리적 당위가 언제나 그 사회의 공동체적 삶의 보편적 원리에 일치되도록 형성되는 것은 아니다. '해서는 안 될 행위'로 알려진 행위 모두가 반드시 그 사회를 위해 좋지 않은 결과를 초래할 공산이 크다고 보기 어려우며, '마땅히 해야 할 행위'로 알려진 모든 행위가 반드시 그 사회를 위해 좋은 결과를 가져올 가능성이 크다고 말하기도 어렵다(김태길, 1998: 437-438). 이는 모든 윤리적 당위가 반드시 합리적 근거를 수반한다는 것은 아님을 의미한다. 따라서 윤리적 당위는 윤리적 이상의 당위에 근거해야 한다.

윤리적 이상의 당위는 '반드시 해야 하는 것'으로 일반적으로 윤리적 판단의 최우선적인 기준이 되는 것이다. 이는 인간 밖의 어떤 논증이나 확증을 통하는 것이 아니라 인간의 내면적인 도덕적 자각으로 그것을 알게 되는 것, 즉 도덕의 기초적 원리를 인간이 내적으로 알아낼 수 있는 양심이 지시하는 규칙이라고 할 수 있다. I. Kant의 "네 의지의 준칙이면서 동시에 보편적인 입법원리로서도 언제나 타당성을 가질 수 있는 그런 준칙에 의거하여 행위하라"라는 표현과 같이 무조건적으로 해야 하는 정언명령(categorical imperative)이 내재되어 있는 것이다. 이와 같이 윤리적 이상의 당위는 어떤 상황에서도 이에 따라 행동하면 도덕적 가치를 실천하게 되는 것이며 의무를 다하게 되는 행위라고 할 수 있다.

그러나 윤리적 실제(實際)로서의 문화적 가치에 있어서는 윤리적 이상의 당위보다는 인간의 심리작용에 따라 사물의 가치가 좌우된다. 심리학적 가치설의 관점에서 보면 인간은 가치상대주의에 함몰되어 시비와 선악을 판단함으로써 객관적 기준을 상실하게 된다. 따라서 오늘날 많은 사람들은 윤리학이 현재의 우리 모습을 반영하고 우리의 삶에 적합한 윤리를 추구해야 한다고 주장하기도 한다. 여기서 현재의 우리의 모습에 적합한 윤리는 현실 속에서 드러내는 모습이 전부가 아니라는, 그리고 전부여서는 안 된다는 점이다. 오히려 관건이 되는 우리의 모습은 우리가 우리의 모습이기를 기대하는 것, 우리가 우리의 모습으로 추구하는 것일 것이다. 그리고 윤리나 도덕은 현실을 사는 우리가 그러한 기대를 충족시켜 가고자 애쓰는 과정에서 갖게 되는 하나의 이상이나 지향점과 같은 존재이다(노영란, 2001: 8).

윤리적 이상의 당위가 사회 저변에 폭넓게 구축되기 위해서는 윤리학의 원리에 대한 이론적 탐구 못지않게 윤리적 실제에 대한 기술과 평가를 요구하고 있다(허남결, 2004: 396). 윤리적 이상의 당위는 우리의 삶에 반영되어야 하지만 동시에 그것을 반성적으로 검토하고 조정하는 우리의 자발적인 노력 속에서 존재해야 한다. 따라서 우리 삶 속에서 윤리적 실천은 일반적인 문화적 가치의 윤리화나 윤리적 당위의 전반적인 문화화가 아니라 윤리적 이상의 당위와 윤리적 실제의 문화적 가치와의 균형적인 조화 속에서 실천되어야 한다. 이와 같이 윤리가 문화와 균형적 조화를 이루고 인간의 가치 판단을 위한 실천적 영역이 바로 '윤리문화(ethical culture)'라는 새로운 영역이다.

'윤리문화'라는 말이 학계에서 본격적으로 사용된 것은 근간의 일이다. 오늘날 사회변화에 따라 윤리가 다양한 사회적 문제 또는 삶의 질적 향상과 관련된 실천문제에 대하여 올바른 지침을 제시해야 할 필요성이 증대되고 윤리와 문화의 상관관계가 부각되었다. 이에 따라 윤리를 문화와 융섭(融攝)적인 관점에서 가치 판단을 위한 실천적 영역으로서 윤리문화학을 발전시키려는 학문적 시도가 전개되었다. 윤리문화학은 근본적으로 일정한 사회집단의 윤리적 사고와 실천을 추구하는 학문이다. 이러한 윤리문화의 학문영역은 학계에서 이미 암묵적으로 이해되고 있는 개념이다. 그럼에도 불구하고 윤리문화학에 대한 학문적 관심이 부족한 것은 윤리나 문화라는 개념의 다의성과 그 개념의 모호성을 무시하거나 간과한 상태에서 윤리나 문화에 대한 학제적인 연구가 진행되었기 때문이다.

오래전부터 학계에서는 윤리나 문화의 개념을 정의하면서 윤리의 문화와 문화의 윤리라는 개념을 함께 사용하고 있다. '문화의 윤리'는 문화인류학의 영역에서 윤리의 과제를 탐구하는 데 초점을 맞춘 반면, '윤리의 문화'는 시대와 지역 그리고 집단에 따라 일정하게 유지해 온 윤리성과 윤리적 생활양식에 관심을 갖는다. 따라서 '문화의 윤리' 분야는 오늘날 다문화주의 양상에서 문화보편주의 또는 문화상대주의 가운데 어느 한 양상만을 지지할 수 있고 윤리는 하나의 부속물로 전락할 수 있다. 하지만 '윤리의 문화' 분야는 윤리를 중심으로 그 두 가지 극단들을 모두 포괄할 수 있는 인간 삶의 다양하고 지속적인 과제를 제시할 수 있다(송선영, 2007: 4). 오늘날 후자의 관점인 윤리문화가 윤리학에서 새롭게 부각되고 있는 배경이라고 할 수 있다.

'윤리문화'는 윤리와 문화의 단순한 결합이나 윤리의 문화적 응용영역과는 다르다. 윤리문화는 보다 포괄적인 문화 일반에서 특히 윤리적인 측면과 관련된 영역이다. 윤리문화는 윤리적 생활과 윤리적 생활이 고양된 윤리적 실제를 의미한다. 윤리가 실천을 전제하고 있다고 할 때 인간의 삶이나 활동 속에서 실천되지 않는 윤리는 윤리라고 할 수 없다. 문화의 윤리성이나 비윤리성에 대한 숙고 없는 무비판적인 실천의 강조는 비윤리적 문화를 윤리화시키는 모순을 초래하게 되며, 윤리적 당위의 무조건적인 실천의 강조 역시 윤리의 기본

성격을 왜곡시키는 결과를 초래하게 된다. 윤리문화는 어느 조직에서나 보편적으로 적용되는 규범이 아닌 그 사회의 문화 속에서 나타나는 판단양식이나 사고체계 또는 행동의 준거 등을 포괄하는 영역이다. 윤리가 '인간사회에 있어야 하는 최고선' 내지는 '당위적인 최고가치'의 규명에 일차적인 관심을 갖는다고 한다면 윤리문화는 특정한 시·공간적 특성을 갖는 사회에 '실재로 작용하고 있는' 도덕적 규범에 관심을 갖는다.

윤리적 이상의 당위는 시간과 공간을 초월한다. 그러나 이에 대한 이해와 실천은 시대와 사회의 조건 속에서 이루어질 수밖에 없다. 우리가 윤리적 이상의 당위에 대한 새로운 해석을 시도하고 시대와 사회에 상응하는 실천방법을 부단히 모색해야 하는 것도 이 때문이다. 윤리적 이상의 당위란 그 자체로서는 의미가 없다. 그것이 시대 또는 사회의 문화적 가치와 함께 조화함으로써 존재 이유를 갖는다. 따라서 한 사회에서 윤리적 이상의 당위가 어떻게 해석되어야 하고 또 어떤 모습으로 존재해야 하는가 하는 바람직한 사고와 행동의 실천체계인 윤리문화적 틀을 끊임없이 발전시켜야 한다.

윤리문화적 틀은 한 조직이나 사회에서 '선이 선답게 올바름이 올바름답게' 실천되도록 하는 윤리문화의 실천체계라고 할 수 있다. 이는 P. G. Nirthouse가 강조한 특정한 상황에서 무엇이 옳고 그르며 또한 무엇이 좋고 나쁜가에 관하여 의사결정의 지침이 되는 법칙과 원칙의 체계와 Aristoteles가 강조한 모든 인간적인 선에 관해서 참된 이치를 따라 행동할 수 있는 실천지와 같은 맥락이다. 이러한 윤리문화적 틀은 윤리적 이상의 당위와 윤리적 실제의 문화적 가치를 균형적으로 조화시켜 가치를 판단하고 도덕성을 형성하고 윤리적으로 사고

하고 실천하는 체계라고 할 수 있다. 따라서 윤리문화적 틀은 도덕성의 형성과 윤리적 실천을 그 핵심으로 하고 있다.

도덕성의 형성은 일반적으로 도덕성의 내재화 또는 도덕적 판단으로 접근하는 두 가지로 구분할 수 있다. 도덕성의 내재화는 전통이나 관습 또는 규정들의 형태로 존속해 온 바람직한 도덕적인 덕들에 대해 습관적인 내면화를 통해 이를 자신의 것으로 굳건히 만드는 것이다. 도덕적 판단으로의 접근은 어떤 것이 도덕적으로 올바른 것인가에 대한 사유활동을 통해 이해관계를 떠난 객관적인 사고와 판단의 기초 위에서 일정한 특수 경우들을 분별하는 것이다(박종훈, 2006: 3-8). 윤리문화적 틀에 의한 도덕성의 형성은 일정한 사회의 집단적, 개인적인 도덕적 권위를 무조건적, 일방적, 절대적으로 수용 내지 복종하는 것이 아니라 사려분별을 보완시키면서 이를 다시 습관화해 나가는 중용적 내재화이다. 또한 기존의 집단적, 개인적 권위에 무조건적으로 도전, 비판하여 끊임없이 갈등을 유발시키는 것이 아니라 그러한 권위의 문제점을 밝히면서 그것과 새로운 대안 사이를 조절해 나가는 조절적 판단을 추구하는 것이다.

윤리적 실천은 도덕성의 실천이다. 도덕성의 실천은 선 또는 옳음의 행동을 실천하는 것이다. 올바름의 행동을 선택하는 사람들은 올바른 일을 행하는 것이 필연적으로 선한 것이라고 주장하는 반면, 최고선에 우선성을 부여하는 사람들은 올바른 행동이 가장 큰 선을 생산하는 것으로서 최고선이 확인되면 올바른 행동은 자동적으로 인지되고 수행된다고 주장한다. 이러한 도덕성의 실천에 있어서 선에 더 비중을 두는가 혹은 올바름, 즉 정의에 더 비중을 두는가는 일정한 시대, 일정한 집단의 사람들이 나타내는 윤리문화적 성격과 관련되어 나타난다.

윤리문화적 성격은 일반적으로 통합성의 윤리문화와 분기성의 윤리문화로 구분한다. 전자는 상징과 체계로서의 문화로서 논리적이고, 일관적이며, 분담되고, 단일하고, 정적인 것이라 한다면 후자는 실제적 활동의 문화로서 의지적 행동, 권력관계, 투쟁, 모순, 그리고 변화의 특성을 갖고 있다. 통합성의 윤리문화는 올바름보다는 선의 실천이 보다 두드러진다면 분기성의 윤리문화는 선보다는 올바름의 실천이 윤리적 실천의 중심이 된다. 통합성의 윤리문화는 인간사회가 지향해야 할 목적을 성취하는 것이라면 분기성의 윤리문화는 그러한 목적을 성취하기 위한 사회의 존속에 필요한 수단적 차원이다. 따라서 덕목에 있어서도 통합성의 윤리문화는 효도, 협동 등과 같은 좋음의 덕목이 중시되지만, 분기성의 윤리문화는 공정과 질서, 상호존중 등과 같은 옳음과 관련한 덕목이 중시된다(박종훈, 2002: 3-8). 이러한 통합성의 윤리문화와 분기성의 윤리문화가 균형적으로 조화될 때 이상적인 윤리문화가 형성되는 것이다.

이상적인 윤리문화는 사회의 모든 영역이나 활동에서 윤리문화적 틀이 활성화되는 상태이다. 즉 윤리적 이상의 당위와 실제의 문화적 가치가 균형적으로 조화되고 윤리적으로 실천되는 것을 의미한다. 이는 윤리문화의 통합성과 분기성을 균형적으로 조절하는 성실, 정직, 절제, 용기 등과 같은 자기 관련 덕목이 활성화되는 상태이다. 그리하여 사회의 모든 영역이나 활동에서 '선이 선답게 올바름이 올바름답게' 발휘되는 사회이다.

윤리문화적 틀은 비단 사회 일반적 차원에서만 적용되는 개념이 아니다. 공동체 사회에서 크고 작은 조직이나 집단, 국가 등을 운영하는 리더십에 있어서도 적용되는 실천체계라고 할 수 있다. 리더십은 개인

가치의 실현과 공동 목적의 구현을 동시에 충족시킴으로써 구성원으로 하여금 진정한 행동력을 창출하는 공동체적 삶의 지도 원리이기 때문이다. 이런 점에서 리더십은 인간의 공동체적 삶의 영위 차원에서 '당연히 해야 하는' 윤리적 당위를 갖고 있을 뿐만 아니라 리더와 구성원이 상호작용을 통해 이루어지는 사회적 과정이므로 개인과 조직의 가치라는 윤리적 실제의 문화적 차원을 고려하지 않을 수 없다.

따라서 리더십은 리더십의 관계와 과정, 기술 등 모든 활동에서 리더십의 윤리적 이상의 당위와 실제의 문화적 가치를 균형적으로 조화시키고 선과 올바름이 온전히 발휘되도록 함으로써 구성원의 진정한 행동력을 창출하는 바람직한 리더십 윤리문화를 조성할 수 있는 것이다. 이를 위해 리더십은 윤리적 이상의 당위와 실제의 문화적 가치를 균형적으로 조화시키고 윤리적으로 실천하는 윤리문화적 틀에 바탕을 두어야 한다. 이상적인 리더십의 윤리문화는 리더십의 모든 과정에 있어서 윤리문화적 틀이 원활하게 작동되고 이를 지탱하는 자기 관련 덕목이 활성화됨으로써 구현될 수 있다. 이러한 윤리문화적 틀에 따라 리더십을 바라보고 접근한 것이 바로 리더십의 윤리문화적 접근이다.

그럼 리더십의 윤리문화적 접근 개념에 대해 살펴보기로 한다.


## 제2절 리더십의 윤리문화적 접근 개념

리더십의 윤리문화적 접근 개념은 리더십의 접근에 있어서 상정되는 기본전제이다. 올바른 전제에서 출발해야 올바른 결론을 얻을 수 있다. 올바른 전제는 항상 참이며 근본적인 명제를 의미한다. 올바른 결론을 도출하기 위해서는 근본적인 명제가 전제되어야 한다. 리더십의 윤리문화적 접근에서 전제하는 근본적인 명제는 인간의 공동체적 삶의 보편적인 원리, 리더십의 윤리문화적 틀, 진정한 영향력의 추구 등 세 가지에 두고 있다. 즉 리더십은 근본적으로 인간의 공동체적 삶의 보편적 원리에 바탕을 두고 있다는 인식하에 윤리적 이상의 당위와 실제의 문화적 가치가 균형적으로 조화되고 실천되는 윤리문화적 틀을 통해 구성원들로 하여금 자기실현은 물론 공동체적 목적의 구현에 자발적, 헌신적, 지속적으로 행동하는 진정한 영향력을 이끌어 낸다는 개념이다. 여기서 공동체적 삶의 보편적 원리는 리더십의 근본적인 질료이며, 윤리문화적 틀은 리더십의 작용이고, 구성원의 진정한 행동력은 리더십의 이상적인 목적이다. 여기서 제시한 공동체적 삶의 보편적 원리, 윤리문화적 틀, 진정한 영향력이 바로 리더십의 형상을 이루는 근본적인 실체라고 할 수 있다. 이러한 리더십의 윤리문화적 접근 개념은 다음의 도표와 같이 나타낼 수 있다.

〈표 1〉 리더십의 윤리문화적 접근 개념

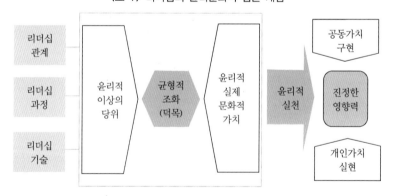

그럼 리더십의 윤리문화적 접근 개념인 인간의 공동체적 삶의 보편적인 원리, 리더십의 윤리문화적 틀, 진정한 영향력의 추구에 대해 구체적으로 살펴보기로 한다.

첫째, 리더십은 인간의 공동체적 삶의 보편적 원리에 기초를 두고 있다.

리더십은 공동체의 목적이나 목표를 효과적으로 달성하기 위해 구성원들 사이에 자연스럽게 형성된 역할 분화에서 비롯된 하나의 사회적 현상이다. Holland는 리더십은 '공동체의 문제를 진단하고 공동의 목표를 공유하며 그 목표를 달성해 가는 과정'이라고 규정하였다. 공동체 생활 속에서 인간은 사회의 구성원이 되고 사회는 개인의 한 평생을 넘어서까지 지속된다. 모든 사람은 집단생활의 유형 속에 적응하는 구성요소이며 사회는 기능적으로 활동하는 단위이다. 따라서 구성원의 이해관계는 사회 전체 구성원의 이해에 구속되며, 전체 생존에 필요한 활동들이 다양하게 분할되고, 구조화·조직화되는 일련의 사회화 과정에서 이루어진다. 이러한 과정 속에서 사람들은 다른 사람을 위해 무엇을 할 것인가, 타인들로부터 어떤 일을 하도록 기대되는가를 스스로 인지하면서 자연스럽게 리더십을 인식하게 되는 것이다.

이런 차원에서 리더십은 개별적 동기나 도덕성보다는 문화적 맥락의 집단적 관계에 기초하고 있다. 리더십은 인간이 오랜 역사에 걸쳐 공동생활을 영위하는 과정에서 가장 바람직한 것으로 받아들여 생활에 구체화된 공동체적 삶의 방식이자 지도원리이다. 리더십은 그 조직 구성원들의 특성, 처리해야 할 과업의 성격, 조직의 사회문화적 성격이나 시대정신 등에 따라서 그 집단에서 가장 효과적일 것이라고 생각되는 것들을 채택하는 것이고 그러한 것들 가운데 효과가 검증된 하나의 관행이라고 할 수 있다.

리더십은 처음부터 도덕적 명제와 같이 어떠해야 한다는 당위적 소명과 같은 성격의 것은 아니었다(남기덕, 2008: 82). 당위성보다는 필요성과 효과성에 의해 진화해 온 하나의 관행이다. 인간은 공동체적 삶의 보편적 원리를 바탕으로 리더와 추종자가 집단관계를 형성하고 이를 통해 사회적으로 유의미한 구조를 만들고 사회적, 정치적, 언어적, 상징적, 발생적 자원을 활용하여 인간의 욕구를 충족시키는 것이다. 이러한 과정에서 사회적 지위와 역할을 인식시키는 인간의 사회적 정체감, 상징, 믿음, 규범, 가치, 심미적 기준 등과 같은 문화를 전승시키게 된 것이다.

모든 문화는 다양한 윤리적 준거틀과 도덕적 행동양식을 포함하고 있다. 리더십에 있어서 리더는 의사결정에 있어서 묵시적, 명시적으로 도덕성, 윤리성을 고려하여 판단하게 되므로 리더가 구성원과 관계를 갖고 행동하고 의사결정을 하는 것은 윤리적·문화적 준거틀과 연결되어 있다. 이런 점에서 리더십은 도덕적 가치와 문화적 관습 등 윤리문화에 의해 형성된 '사회적 준거틀'이라고 할 수 있다. 다시말해 리더십은 윤리적 준거틀에 의해 평가된 문화적 준거틀에 의해 실행되는 인간의 공동체적 삶의 보편적 원리에 바탕을 두고 있다.

둘째, 리더십의 기본 원리는 윤리문화적 틀에 의해 작동된다.

리더십은 윤리문화적 틀에 의해 작동되는 공동체적 삶의 지도원리이다. 리더십의 윤리문화적 틀은 윤리적 이상의 당위와 실제의 문화적 가치와의 균형적 조화와 윤리적 실천으로 리더십의 진정한 영향력을 이끌어 내는 원리이자 실천체계이다. 리더십의 윤리문화적 틀은 리더십의 윤리적 이상의 당위와 실제의 문화적 가치, 그리고 이를 균형적으로 조화시키고 윤리적으로 실천하는 리더십의 덕목과 이를 수용하고 지지하는 윤리문화를 핵심요소로 하고 있다.

먼저, 리더십의 윤리적 이상의 당위는 리더가 추구하는 목적의 선함과 이를 위한 행동의 올바름으로서, 리더십에서 지켜야 할 도덕적 원칙이며, 구성원의 진정한 영향력을 이끌어 내는 당위의 근본적인 실체이다. 여기에는 목적론과 의무론적 관점이 있다. 목적론적 관점은 리더십의 윤리적 당위를 어떤 과정보다 사회 전체가 선을 달성하는 목적에 지향하는 것이며, 의무론적 관점은 리더십의 윤리적 당위를 사회적 선을 달성하기 위한 과정에 지향하는 것이다. 이들 관점은 윤리이론의 목적론과 의무론에 기초를 두고 있다.

윤리이론에서 목적론(teleological theory)은 행동결과에 대하여 그 행동의 옳고 그름을 판단하게 된다는 이론이다. Aristoteles는 행복으로, J. Bentham은 공리로 정의하고 있다. Bentham은 이해관계에 얽힌 모든 사람들의 최대 행복이 인간행동에 있어서 정당하고, 타당하며, 또한 유일하게 정당하고 타당하여, 보편적으로 바람직한 목표가 된다고 보았다. 또한 J. Mill은 도덕적으로 올바른 행동이란 사회적 편익을 극대화하면서 사회적 비용은 최소화하는 행동이라고 하였다. 이러한 공리주의 원리는 행위에 있어서 옳음의 공리적 기준을 구성하는 행복은 행위자 자신의 행복이 아니라 관계되는 모든 사람의 행복 즉 '최대다수의 최대 행복'을 의미한다(허남결, 2004: 253-258).

리더십에 있어서 이러한 공리주의적 태도는 많은 경우 리더의 윤리적 결단에 도움을 주지만 위험한 일면도 지니고 있다. 공리주의는 인간의 절대적 가치와 존엄을 과소평가하는 과오를 지니고 있어 리더가 윤리적 판단을 함에 있어 주의해야 할 부분이다. 이러한 공리주의의 한계를 극복하고자 등장한 것이 바로 Rawls의 정의론이다. 그는 사회적으로 복지상태가 취약한 처지에 있는 사람들도 가능한 한 복리를 누릴 수 있도록 최소수 혜자에게 최대의 이익이 되고 공정한 기회균등의 원칙아래 모든 이에게 개방된 직책과 직위가 결부되는 조건을 제시하고 있다(J, Rawls, 황경식 옮김, 1977: 103). 결국 리더십에 있어서 목적론은 리더가 추구해야 할 목표와 지향점에 초점을 두는 관점이다.

윤리이론에서 의무론(deon tological theory)은 어떤 행동이 윤리적인가 아닌가는 그 행동의 결과뿐만 아니라 그 행동 자체가 선한 것인가의 여부에 달려 있다는 견해이다. 어떤 사람이 다른 사람에게 진실을 말하고, 약속을 지키며, 공정하게 대하고, 존경하는 것은 행동의 결과에 관계없이 선량한 행동이 된다는 것이다. 리더십에 있어서 의무론은 리더가 올바른 행동을 해야 할 리더의 행동과 의무, 그리고 책임에 초점을 두고 있다.

목적론적인 입장이나 의무론적인 입장은 각각 한계와 문제점을 갖는다. 의무론은 윤리적 당위에 따르는 행위는 옳고 그것을 어기는 행위는 그르다고 본다. 하지만, 윤리적 실제에 있어서 인간 사회의 문화에 존재하는 수많은 윤리적 당위 가운데 어떤 것이 옳은지를 판별할 수 있는 기준에 대한 분명한 제시가 어려우며, 현실적으로 모든 사람이 따를 수 있는 보편적인 판단기준은 사실상 존재하기 어렵다는 점이다, 한편, 목적론은 윤리적 당위들이 서로 대립될 때 선택할 수 있는 기준을 제시하고 있으며, 정당한 예외를 인정함으로써 의무론이 지니고 있는 한계를 극복한 것처럼 보이지만 결과와 목적만을 강조함으로써 결과적으로 윤리적 당위를 약화시킬 수밖에 없다.

리더십에 있어서 윤리적 이상의 당위는 옳은 일을 수행하고 옳은 방법으로 수행하고 옳은 이유를 위해 수행하고 개인적으로 도덕적이어야 한다. 부자로부터 훔쳐 가난한 사람에게 주는 것은 도덕적이고 가치 있는 목적을 위해 비윤리적인 수단을 사용하는 것처럼 목적은 선하지만 행위는 옳지 못한 것이다. 리더십의 윤리적 이상의 당위는 이러한 목표의 선함과 행동의 옳고 그름에 대한 선택이 아니라 선하고 옳음의 동시 추구를 지향한다. 하지만 리더십에 있어서 리더십의 윤리적 이상의 당위는 리더십의 윤리적 실제의 문화적 가치들과 다양한 긴장관계를 형성하고 있는 것이 사실이다. 따라서 리더십의 윤리적 이상의 당위는 리더십의 윤리적 실제의 문화적 가치와의 조화 문제가 제기될 수밖에 없다.

리더십의 윤리적 실제의 문화적 가치는 대다수의 사람들이 리더십에 있어서 보편적으로 추구하고 행위하는 가치나 의식구조, 가치체계 등을 말한다. 즉 리더십의 대상이나 환경에서 구성원이나 조직이 선호하거나 중요시하는 가치를 의미한다. 리더십의 윤리적 실제에서는 대부분 상충되는 가치관이 상호 갈등하고 있다. 이러한 갈등은 근본적으로 심리적 이기주의나 윤리적 이타주의와의 갈등이다.

심리적 이기주의는 사람들이 사적인 이익을 배제하고 행동할 수도 없으며 행동하지도 않는다는 견해이다. 그것은 사람들의 모든 행동 속에는 유일한 동기가 항상 존재한다는 경험론의 주장이다. 이는 리더와 구성원의 거래적 관계(transaction relationship)를 통해서 해결이 가능하지만 문제는 개인의 이익을 희생하면서라도 조직의 목표를 달성해야 하는 경우이다. 이러한 경우에는 리더와 구성원 간에 신뢰를 바탕으로 맺어진 관계를 통해 충분히 동기화되어 기대 이상으로 목표를 달성할 수 있는 리더십이 요구된다.

윤리적 이타주의는 타인의 이익이나 공동체의 선이 자신의 이익에 앞서야 한다는 입장으로서 멸사봉공(滅私奉公)이나, 선공후사(先公後私) 등의 가치로 표현된다. 그러나 개인적 차원에서 본다면 자기의 직무 만족, 인정, 안정 등 인생의 성취에 대한 목표나 가치가 실재한다. 이와 같이 윤리적 실제에서 조직이 지향하는 목표, 즉 공공의 선과 개인의 행복 간에는 괴리가 있을 수밖에 없으며, 동일한 목표를 달성하는 데에도 개개인의 가치수준에 따라 차이가 있다. 따라서 조직목표와 개인적 가치를 동시에 만족시키는 것이 리더십의 현실적 관심사이다(이재강, 2005: 236). 이는 근본적으로 리더십의 윤리적 이상의 당위와 실제의 문화적 가치를 균형적으로 조화시켜 구성원들로 하여금 자기실현과 공동의 목적을 동시에 구현해 낼 수 있어야 한다.

이렇게 볼 때 리더십에 있어서 윤리적 이상의 당위와 실제의 문화적 가치와의 균형적 조화는 리더십의 핵심 기능이자 역할이라고 할 수 있다. 오늘날 리더는 사회 구조의 핵심에 존재하고 있고 조직이나 집단의식의 형성에서 중심적 위치를 차지하면서 가치관, 태도, 상징, 구조의 형성에 중요한 영향을 미치고 있다. 또한 리더십은 사회나 집단, 조직의 다양한 가치를 통합하고 응집시키고 지도하는 것이다. 따라서 리더십은 인간 사회의 응집성에 관련된 수많은 변수와 분리될 수 없다(W. H. Kracke, 1978: 236).

이러한 차원에서 리더십은 단순히 구성원 간의 가치나 이해의 타협, 공동목적과 개인가치의 절충과 같은 균형 이상의 역할이나 기능이 요구된다. Simon은 어떤 조직이 존재하기 위해서는 조직 자체가 지니는 목표와 구성원 각자의 목표가 함께 충족되어야 한다고 강조하였으며, Grenny는 현대사회의 리더는 조직과 관련된 이해 당사자가 누구도 소외받지 않고 모두 만족할 수 있는 균형성을 찾고 유지시키는 역할이라고 하였다. 따라서 바람직한 리더십은 조직이나 구성원이 모두, 그리고 완전히 만족하고 충족하는 영역을 창출해 내는 것이다. 이를 위해 리더십의 윤리적 이상의 당위와 실제의 문화적 가치를 균형적으로 조화시키고 윤리적으로 실천하는 윤리문화적 틀에 입각해야 한다. 이러한 리더십의 윤리문화적 틀을 근본적으로 작동시키는 핵심동력이 리더십의 덕목이며 이를 수용하고 지지하는 사회의 도덕적 프레임(frame)이 윤리문화이다.

리더십의 덕목은 리더십 과정에서 나타나는 리더의 품성이나 덕성으로서, 리더십의 윤리적 이상의 당위와 실제의 문화적 가치를 균형적으로 조화시키고 윤리적으로 실천하는 리더의 자기 관련 덕목이자 인격이다. 이러한 리더의 덕목에 대해 Aristoteles는 용기, 절제, 관대, 자제, 정직, 사교성, 겸양, 공정, 정의 등을 강조하였다. 또한 Valasquez는 인내, 공공심, 성실성, 진실성, 충직성, 자비심 등을 제시하고 있다 (신철우, 2004: 129). 이러한 리더십의 덕목은 공통적으로 선의 덕목과 올바름의 덕목을 균형적으로 조절할 수 있는 덕목이라고 할 수 있다. 따라서 리더십 덕목은 개인과 공동체가 바람직한 방향으로 성장·발전하는 데 필요한 역할을 수행하기 위해 요구되는 태도와 행동으로서, 인간으로서 갖추어야 할 인격이며 리더십 실제에서 올바르게 사고하고, 판단하고, 행동하는 리더의 덕성이다. 최근에 덕성이론의 지지자들이 강조하듯 '리더는 다른 사람에게 도덕적인 행동을 하는 것(What to do)보다 도덕적인 사람으로 되어야(What to be) 하는 것'이 (신철우,

2004: 129) 이를 뒷받침하고 있다.

이러한 리더십의 덕목은 단순히 생각이나 언설의 차원이 아니라 윤리적으로 실천되어야 하며, 리더의 지위에서만 해당되는 일시적인 덕목이 아니라 삶의 전 과정에서 지속적으로 습관화해야 할 신념이며, 리더십의 관계, 과정과 기술의 모든 과정에서 총체적으로 발휘되어야 할 덕목이다. 그리고 무엇보다도 이러한 리더십의 덕목이 활성화될 수 있도록 수용되고 지지되는 조직이나 사회, 국가의 바람직한 리더십 윤리문화가 뒷받침되어 있어야 한다.

바람직한 리더십 윤리문화는 구성원 모두가 개인적인 가치의 실현과 공동 목적의 구현에 자발적, 헌신적, 지속적으로 행동하고 몰입하는 상태이다. 이는 R. E. Quinn이 제시한 '리더십의 근원적 상태'와 같은 맥락이다. Quinn은 리더십을 '일반적 상태(the normal state of leadership)'와 '근원적 상태(the fundamental state of leadership)'로 구분하고 있다. 리더십의 일반적 상태는 자신과 관계를 요구하는 집단적인 이익보다 자기 자신의 이익을 우선하는 자기중심적이고, 외부로부터의 변화 요구를 거부하는 폐쇄성과 외부의 시각이나 판단에 따라 자신을 규정하는 것으로서 통상적인 리더가 갖는 보편적인 리더십의 상태라는 것이다. 이에 반해 리더십의 근원적 상태는 자신의 이익을 초월하고, 타인의 이익과 안녕을 우선하며, 조직 내의 진실성과 투명성이 높고 신뢰가 형성되어 상호 간에 연계성이 강화되는 타인 중심적이다. 또한 개방적으로 변화되어 안전지대 밖으로 이동하여 실행하고, 진정한 피드백을 추구하고, 순응하며, 상당히 높은 수준의 깨달음과 인지력, 경쟁력, 비전에 도달하는 개방성을 갖는다. 자신이 추구하는 가치와 행동 사이에 괴리를 극복하고 더 높은 차원의 안정감과 자신감을 갖고, 자신이 원하는 결과를 분명히 인식하고, 에너지를 충만하고, 흔들리지 않는 기준을 갖고, 의미 있는 일을 하는 주체적인 행동에 전념하는 상태라는 것이다(R. E. Quinn, 최원종 외 옮김, 2005: 78-89). 그리고 S. H. Baum이 강조한 바와 같이 누가 지켜보는 사람이 없을 때에도 올바로 행동하고, 작업이 잘 진행되도록 자기 몫 이상의 일을 해내고, 직장에서나 사적으로나 사람들이 능력을 발휘하도록 도움을 주며, 사람들을 대하는 데 공평하고 일관성 있고 항상 그들의 품위를 손상시키지 않으려고 노력하게 되고, 어떤 직급에 있든 가치 있게 행동하고 모범을 보이며, 비윤리적인 행위가 관행이 아니라 예외가 되는 상태와 같은 것이다(S H. Baum, 신현승 옮김, 2009: 111). Quinn의 리더십 근원적인 상태나 Baum의 리더십 상태는 이상적인 리더십 윤리문화와 같은 맥락이라고 할 수 있다.

이러한 리더십의 윤리문화는 근본적으로 리더에 의해 주도된다. 어떤 한 리더가 조직이나 사회의 중심에서 리더십의 바람직한 관행을 솔선수범함으로써 구성원을 변화시킨다. 그리하여 리더와 구성원의 관계가 올바로 설정되고, 공감과 감동의 리더십 과정이 조성되고, 구성원의 마음이 움직여지고, 마음과 마음이 하나가 되어 리더십의 진정한 영향력을 발휘하게 된다. 이러한 리더십의 윤리문화적 틀이 조직 차원에서, 더 나아가 사회적 차원에서 수용되고 지지될 때 하나의 리더십 윤리문화가 형성되는 것이다. 또한 이렇게 형성된 리더십 윤리문화는 구성원의 진정한 영향력을 이끌어 낼수 있는 것이다.

셋째, 리더십의 진정한 영향력의 추구는 리더십의 궁극적인 목표이다. 리더십의 윤리문화적 접근은 리더십의 진정한 영향력을 추구한다.

리더십의 진정한 영향력은 리더가 제시하는 의도에 구성원이 자발적이고 헌신적이며 지속적으로 행동하는 상태를 의미한다. 즉 구성원이 자기가치의 실현은 물론 공동체적 가치에 대해서도 적극적이고 헌신적으로 몰입하고 내면화하는 상태이다. 여기서 몰입(commitment)은 대상 인물이 행위자의 결정이나 요구에 내적으로 동의하고 요구를 수행하거나 결정을 효과적으로 실행하기 위해 많은 노력을 기울이는 것이다. 복잡하고 어려운 과제의 수행에 영향을 미치려고 하는 리더의 관점에서 보면 몰입이 가장 성공적인 결과라고 할 수 있다. 또한 내면화(internalization)는 리더의 제안이 대상인물의 가치, 신념, 자아상과 관련하여 본질적으로 바람직하고 옳은 것처럼 느껴질 때 일어난다. 이와 같이 리더십에 있어서 몰입과 내면화를 통해 진정한 영향력을 발휘하는 가장 높은 수준의 리더십 단계가 형성된다. 이러한 단계의 리더십은 조직 구성원들이 의무적으로 하지 않아도 될 일을 스스로 하면서 따를 수 있도록 영향력을 발휘하고, 직접 상대하는 사람들에게 긍정적인 영향을 미칠 뿐만 아니라 그들 자신이 스스로 체득한 것을 또 다른 사람에게 전파하여 영향력을 배가 또는 증폭시키는 승수적 관계로 발전할 수 있다(제정관, 2006: 91).

이러한 리더십의 진정한 영향력은 무엇보다도 리더의 도덕성과 리더십의 윤리성에서 나온다. 리더십의 진정한 영향력은 윤리나 도덕적 원칙과 개인이나 조직의 가치가 균형적으로 조화될 때 일어나는 상태로서 이는 단순한 기술 이상의 리더활동과 관련되어 있다. Gardner는 "진정한 리더십의 상태는 개인의 필요와 공동체의 필요 사이에 균형을 잡고, 공동체의 근본적 가치를 수호하고, 개인에게 적극성과 책임성을 함양하는 것으로서 리더가 윤리와 도덕적 원칙에 충실할 때 발휘될 수 있다"고 강조한다. 결국 리더십의 진정한 영향력은 일정기간의 교육을 통해서 습득되는 기술에 의해서라기보다 일상생활을 통해 다양한 내적, 외적 문제에 대해 윤리문화적 틀에 의해 사고하고 판단하고 행동하는 지속적인 과정을 통해 리더의 자기관련 덕목을 배양하고 그것이 충전되면 어떤 리더십 상황을 만나 자연스럽게 영향력으로 발휘되는 것이다.

따라서 리더십의 관계나 과정, 기술이 윤리문화적 틀에 부합해야 진정한 영향력을 발휘할 수 있다. 바람직한 리더십 윤리문화는 리더십의 관계, 과정 및 기술 등이 윤리적 이상의 당위와 실제의 문화적 가치와 균형적으로 조화된 윤리문화적 틀 속에서 윤리적으로 실천되는 것이다. 리더십이 윤리적 이상의 당위에 맞지만 윤리적 실제의 문화적 요건에는 부합하지 않거나 문화적 요건에 부합하면서도 윤리적 당위에 맞지 않는 리더십은 진정한 영향력을 발휘할 수 없다. 리더십이 윤리적으로 모순이 없고 문화적으로 배치되지 않아야 구성원들에게 공감을 줄 수 있고 조직목표 달성에 시너지 효과를 창출할 수 있다. 리더십은 윤리문화에 입각해야 할 뿐만 아니라 윤리문화도 리더십의 힘을 빌리지 않고는 정당화될 수 없는 관계에 있다. 리더십은 윤리문화를 통해 완전해질 수 있으며 윤리문화는 리더십을 통해 다듬어질 수 있는 것이다.

앞에서 살펴본 바와 같이 리더십의 윤리문화적 접근은 리더십을 윤리문화적 틀에 의해 작동되는 인간의 공동체적 지도원리라는 인식에 기초하고 있다. 즉 리더십의 윤리적 이상의 당위와 실제의 문화적 가치를 윤리문화적 틀을 통해 균형적으로 조화시키고 윤리적으로 실천하는 것이다. 그리하여 개인의 내적 가치와 외적 가치, 리더와 구성원 간의 가치체계가 사회적인 조화와 논리적 일관성을 갖게 되고, 개인의 가치와 조직이나 사회의 가치체계가 윤리문화적 틀 속에 통합됨으로써 구성원들이 자발적이고 헌신적이며 지속적으로 행동하는 것이다.

따라서 리더십의 윤리문화적 접근은 지위나 권한에 의한 리더십이 아니라 인간적 측면에 기초한 접근이며, 기술이나 기법이 아니라 상호작용과 가치변화에 대한 접근이고, 리더의 업무능력이나 기술에 대한 신뢰보다는 리더의 사람됨에 대한 믿음을 통해 내적인 힘을 개발하여 통합적인 전체에 결합시킴으로써 리더십의 신뢰를 확보하는 접근방법이다. 결국 리더십의 윤리문화적 접근은 조직에서의 인간행동 원리, 가치나 관습, 문화, 그리고 사회규범, 법률 등 다양한 거시적인 변수를 종합적이고 근본적으로 고려하는 리더십의 접근방법이라고 할 수 있다.

그러면 이러한 리더십의 접근 개념을 바탕으로 한 리더십의 윤리문화적 접근방법에 대해 고찰하기로 한다.

## 제3절 리더십의 윤리문화적 접근 방법

앞에서 살펴본 바와 같이 리더십의 윤리문화적 접근은 구성원이 자기가치의 실현과 공동체의 목적을 구현하는 데 자발적이고 헌신적이고 지속적으로 행동하도록 이끄는 리더십이다. 이는 리더십을 어떤 조직이나 단체의 활동 수준을 넘어서서 공동체적 삶의 원리 속에서 바라보는 것이며, 리더십의 당위와 문화적 가치를 균형적으로 조화시키는 윤리문화적 틀에 의해 운용되는 것으로 인식하는 것이다. 그리하여 구성원의 응종이 아니라 공감과 감화를 통해 스스로 헌신적으로 행동하도록 하는 진정한 영향력을 추구하는 것이다.

이러한 인식을 바탕으로 여기서 고찰하려고 하는 리더십의 윤리문화적 접근방법은 먼저 리더십의 핵심요소인 관계, 과정과 기술에 있어서 윤리적 이상의 당위와 실제의 문화적 가치를 규정하고, 다음으로 이를 균형적으로 조화시키고 윤리적으로 실천하는 리더십의 덕목과 이를 지지하고 수용하고 활성화하는 리더십 윤리문화를 정립하는 것이다. 즉 윤리문화적 틀에 따라 리더십의 관계, 과정, 기술에서 윤리적 당위와 실제의 문화적 가치, 그리고 리더십 덕목을 도출함으로써 바람직한 리더십의 윤리문화를 정립하는 것이라고 할 수 있다.

그러면 리더십의 관계와 과정, 기술에 대한 윤리적 당위와 실제의 문화적 가치, 그리고 리더십 덕목에 대해 살펴보기로 한다.

## 1. 리더십 관계의 윤리적 당위와 실제, 덕목

사회윤리학적 관점에 의하면 인간은 누구나 태어나면서부터 고유한 역할을 갖게 되며, 다른 사람과의 관계를 형성하면서 조직과 사회, 국가 등 확대된 영역 속에서 삶을 영위한다. 인간은 본래적으로 생존을 위해 공동체를 형성하며 공동체의 안녕과 질서를 위해 부여된 역할과 책임을 수행해야 한다. 인간은 공동체 사회의 한 구성원으로서 하나 이상의 역할관계를 형성하고 있다. 가정에서는 부모나 자식, 부부로서, 직장에서는 회사원으로서, 학교에서는 학생으로서의 역할을 동시에 수행하는 다중적인 역할관계를 맺는다. 아울러 크고 작은 조직에서 상황과 임무에 따라 리더가 되기도 하고 구성원이 되기도 하는 이른바 '역할의 교환'이 빈번히 일어나고 있다. 이러한 인간의 역할관계는 고정불변한 것이 아니라 상황에 따라 변할 수 있는 가변성을 지니고 있다. 따라서 공동체 사회에서 인간의 역할관계는 우열이나 비교의 차원이 아니라 각자가 고유한 가치와 중요성을 지닌 상관적이고 대등한 인간관계라고 할 수 있다.

리더십의 관계도 공동체적 삶의 보편적 원리에 바탕을 두고 리더와 구성원을 중심으로 형성되는 하나의 역할관계이다. 리더십은 리더 한 사람의 지도력이 아니라 공동체 구성원 모두의 상호관계 속에서 이루어진다. 리더와 구성원은 사회로부터 부여된 임무와 역할이 다를 뿐 근본적으로는 상생의 테두리 속에서 상관적이고 대등한 역할관계를 이루고 있다. 따라서 리더십의 관계는 폐쇄적이거나 배타적이 아니라 개방적이고 수용적이어야 한다. 현대 리더십에 있어서 리더십의 관계는 존재론적 관점에서 관계론적 관점으로 바뀌어 감에 따라 전통적으로 수동적, 순종적, 종속체로 간주되던 추종자는 '구성원(constituent)' 또는 '참여자(participants)' 등과 같은 평등지향적인 관점으로 반성, 수정되고 있다(김상희, 2010: 23). 구성원은 단순히 리더의 영향을 수용하는 수동적인 추종자가 아니라 능동적이고 주체적인 행위자로 인식되고 있다. 또한 리더에 대한 인식도 단순히 어떤 조직이나 집단의 리더에 한정되지 않고 공직자, 사회 지도층, 성직자 등 공동체의 가치관에 주도적으로 영향을 미치는 모든 사람들을 망라하는 개념으로 확대되고 있다. 이러한 리더십 관계의 변화에 따라 그 명칭에 부합하는 실질적인 의미와 역할에 대한 명확하고 새로운 인식이 요구되고 있다.

리더십의 관계에 있어서 윤리적 이상의 당위는 공존과 공생의 호혜(互惠)와 협력(協力)이다. 리더와 구성원은 개인적 가치나 공동체적 목표를 수행하기 위해 공동체적 삶의 틀 속에서 상의상관하면서 각자에게 부여된 임무를 수행하고 있다. 리더와 추종자는 독생이 아니라 상생이며 함께하는 긴밀한 협력을 통해 개인이나 공동 목적을 구현해 나갈 수 있다. 리더가 성취한 결과는 구성원의 개인적인 목표와 리더가 달성해야 하는 집단 전체 목표와의 관계를 이해하는 데서 비롯되는 인간적이고 사회적인 성취라고 할 수 있다. 따라서 공동체의 목적이나 개인적 가치 실현을 위해서는 리더와 구성원 상호 간의 자발적인 호혜와 협력이 필수적이다. 공동체적 삶의 개선이 요구되고 있는 현대 리더십에 있어서 리더십 관계는 공동체적 삶의 원리에 바탕을 둔 공존공생의 호혜와 협력을 윤리적 이상의 당위에 바탕을 두어야 한다.

윤리적 실제의 문화적 가치는 상호성과 다중성의 역할관계에 따른 규칙(規則)과 질서(秩序)이다. 리더십의 관계는 단일적 고정 관계에 그치지 않고 다른 사람이나 집단과 다중적으로 관계를 유지하면서 상관 교호하는 다중성과 상호성을 갖는다. 다중성(多重性)은 리더와 조직 구성원이 선형적 관계가 아니라 복합적인 요소로 구성된 잠재적인 다양한 관계가 그물망처럼 형성되어 있는 관계를 의미한다. 상호성(相互性)은 리더십 관계 속에 있는 리더와 구성원은 물리적인 결합이 아니라 상관 교호하는 유기적 관계에 있음을 의미한다. 즉 임무나 역할에 따라 새로운 리더십 관계가 형성되는 것이다. 따라서 상사와 부하라는 고정불변의 차별이나 계서의식이 아니라 역할관계에 따라 형성되는 다양한 관계에 부합하는 규칙과 질서가 중요시된다.

리더십 관계에 있어서 요구되는 리더십의 덕목은 인간 존중(人間尊重)과 책임감(責任感)이다. 리더십은 공존공생의 대등적 역할관계 속에서 리더는 구성원을 이해하고 그들의 욕구, 양심적 견해에 대하여 관심을 갖는 인간 존중이 요구된다. 인간 존중은 구성원의 신념,

태도, 가치를 인정하는 방식으로 구성원을 대하는 태도이다. 리더는 구성원을 하나의 인격체로 인정하고, 그들의 의견을 수용하며, 가치 있는 인간으로 소중히 대우하는 것이다. 리더는 다른 사람들의 욕구에 민감하게 반응하고, 공평하게 대우하며, 세심하게 보살펴 주어야 한다. 또한 다른 사람의 입장을 이해하고, 너그럽게 감싸 주거나 받아들이고, 구성원을 상호 배려하고 인정하는 것이다. 리더가 구성원을 인간으로 존중하고 배려할 때 구성원의 적극적인 참여와 열망, 창의적인 의지를 고취시킬 수 있다. 또한 리더십 관계에서는 책임감이 수반되어야 한다. 리더십 관계는 공동체적 삶의 원리에 기초한 역할관계에 바탕을 두고 있다. 따라서 자신에게 부여된 임무와 역할에 대한 높은 책임감은 물론 공동체적 임무와 역할에 대한 책임감도 견지하고 있어야 한다. 이러한 책임감은 단순히 직책이나 업무상의 책임만이 아니라 이타적 봉사, 공익 등과 같은 공동체적 삶의 원리에 따른 윤리적 책임을 포괄하는 것이다.

이러한 인간존중과 윤리적 책임감의 덕목이 활성화되면 리더십 관계에 있어서 윤리적 이상의 당위인 공생공존의 협력과 호혜와 실제의 문화적 가치인 규칙과 질서의 가치가 균형적으로 조화되어 인간존중과 책임감의 리더십의 덕목이 활성화됨으로써 상하 간의 의사소통이 원활하게 이루어지고, 인간적 유대가 돈독해짐에 따라 활력이 넘쳐 구성원들이 자발적, 헌신적, 지속적으로 행동하는 리더십 윤리문화가 조성되는 것이다. 이러한 리더십 관계의 윤리문화를 조성하기 위해서는 우선 리더가 먼저 리더십 관계에 대한 올바른 인식을 갖고 생각을 바꾸는 것이 중요하다.

## 2. 리더십 과정의 윤리적 당위와 실제, 덕목

인간은 공동체적 삶을 통해 사고하고 행동하고 성장한다. Erikson의 인성발달론이나 Maslow의 욕구단계론에 의하면 개인은 공동체 사회의 관습과 제도 등과 같은 문화적 가치 속에서 윤리적 당위를 배우고 판단하면서 도덕적 성숙을 이루어 가는 것이라고 강조한다. 이러한 문화적 가치는 인간의 총체적인 심리적 기질에 중심 역할을 하고 다양한 상황하에서 행동의 지표가 된다. 가치는 바람직한 행동을 규정짓고 조직의 중심목표를 지지한다. 건강한 사회는 건전한 가치가 활성화되는 사회이며, 성공하는 조직은 건전한 가치를 가지고 있다. 공동사회 속에서 리더는 조직과 구성원의 건전한 가치형성에 지대한 영향을 미친다.

리더십은 가치개념이다. 리더는 개인적인 행동을 통해 가치를 구체화하고 자신의 행동으로 다른 사람의 가치를 강화한다. 리더십의 과정은 가치변화를 통해 구성원에게 동기를 부여하고, 자신의 역할을 인식시키고, 자발적으로 수행하며, 동시에 전체적으로 조화를 이룬다. 리더는 지시나 통제에 의해 구성원의 행동을 직접적으로 움직이는 것이 아니라 구성원이 스스로 행동을 판단하고 결정하도록 가치와 의식에 영향을 끼쳐 스스로 움직이도록 하는 것이다. 진정한 리더십의 영향력은 리더가 구성원의 가치를 변화시키는 데 영향을 끼침으로써 자연스럽게 얻게 되는 결과이다.

리더십의 과정은 구성원이나 조직의 가치변화를 통해 자기실현과 공동 목표를 구현시켜 나가는 가치체계의 선순환(善循環) 과정이다. 가치의 선순환은 하나의 가치체계가 개인인 '나'로부터 가정이나 직장, 그리고 사회나 국가로 확대되거나 다른 어느 한 요소에서 시작되어 주체인 나를 통해 이러한 요소들이 타 요소에도 긍정적인 영향을 미쳐 연쇄적으로 상승효과가 반복되는 것을 의미한다(유영대, 2004: 31-50). 리더십 과정은 단순히 리더와 추종자 간의 지시와 응종의 과정에 그치는 것이 아니라 구성원과 그들이 속해 있는 조직 전체에 변화를 일으키고 동시에 변화된 전체 조직은 리더와 구성원에 다양한 형태로 상호작용함으로써 이들을 변화시킨다. 따라서 리더십의 과정은 리더와 구성원, 그리고 조직이 통일된 전체로서 움직이는 가치변화의 역동적, 적응적 과정이라고 할 수 있다.

리더십 과정은 모든 구성원이 통일된 전체로 움직일 수 있도록 올바른 가치를 찾아내고 만들어 나가야 한다. 이러한 가치는 C. Hodgkinson의 초가치나 J. Grenny의 인지지도의 순 가치와 같은 맥락이다. 초가치(超價值)는 아주 확정적이고 널리 알려진 바람직한 것으로서 논쟁이나 논란의 여지가 없는 것으로 여겨지는 가치이다(C. Hodgkinson, 주삼환 외 옮김 2006: 61). 또한 Grenny는 가치와 결과의 상호작용에 의해 만들어지는 개인의 순 가치(純 價值)와 예상되는 능력이 결합되어 사람들의 행동을 예측할 수 있는 인지지도가 형성된다고 하였다(K. Peterson et al., 2004: 80-82). 리더는 구성원의 인지지도를 파악하고 합리와 설득을 통해 구성원이 공감하는 인지지도의 순 가치를 만들어 나가는 것이다. 리더십 과정은 모든 사람이 논리적이고 합리적인 것으로 여기고 또 효과적이고 효율적인 것으로 인식하는 초가치나 인지지도의 순 가치를 형성하는 과정이다. 그리하여 J. M. Burns가 강조한 바와 같이 구성원들의 욕구와 리더가 중요시하는 가치가 서로 일치할 때 리더는 목적 있는 리더십을 행사할 수 있는 것이다(J. MacGregor Buns, 1985: 96-97). 결국 리더십의 과정은 모든 구성원이 상호작용을 통해 리더, 구성원, 조직의 합목적적인 공동가치를 만들어 나가는 과정이라고 할 수 있다.

리더십 과정에 있어서 윤리적 이상의 당위는 공동가치를 구현하기 위한 합리(合理)와 설득(說得)이다. Locke는 "리더십은 공동의 목표를 위해 행동을 취하도록 구성원들을 설득하는 과정"이라고 강조했다. C. L. Stevenson은 태도의 불일치를 일치로 유도하는 데 설득이 주효하다고 하였다. 그는 상대방의 인격과 인권이 존중되어야 하는 상황에서 태도의 불일치를 일치로 유도하는 길은 합리와 설득적 방법 외는 다른 방법이 없다고 하였다. 이러한 합리와 설득의 리더십 과정을 통해 공동체적 삶의 목적과 방식에 맞는 가치를 형성할 때 구성원들이 공감하고 심복하는 것이다. 리더는 합리와 설득으로 공동 가치를 형성시켜 나감으로써 구성원의 진정한 행동을 이끌어 낼 수 있어야 한다.

리더십의 윤리적 실제의 문화적 가치는 효율성(效率性) 또는 효과성(效果性)의 추구이다. 리더십의 실제에 있어서 리더십 과정은 동태적인 역학과정보다는 리더 중심의 영향력 행사과정을 선호하는 경향이 지배적이다. 리더는 권한이 수반되는 공식적인 지위를 통해 리더십 과정에서 유효성을 촉진시키려고 한다. 또한 리더십의 과정은 제한된 자원과 조건 아래에서 최상의 선택을 요구하고 있다. 리더십의 실제에 있어서 리더는 주어진 상황에서 가용한 정보를 통해 '제한된 합리성(limited rationality)'에 근거한 시의적절한 의사결정으로 문제 해결을 도모할 수밖에 없다(권정호 외, 2009: 218-225). 리더는 비용과 효과의 적절한 판단과 선택이 강조되고 권위나 명령에 의하거나 급여, 승진, 평판 등 외적 보상에 의거하여 동기를 유발시키려고 한다. 따라서 리더십의 과정에 있어서는 제한된 조건하에서 일정한 권한과 부여된 지위에 의한 명령과 지시, 외적 보상을 통한 효율성과 효과성이 중시된다.

리더십 과정에서 요구되는 리더십의 덕목은 공정성(公正性)과 균형성(均衡性)이다. 리더는 리더십 과정을 통해 자신과 구성원들의 목표를 고려하여 공동 목표에 적합한 방향으로 이끌어 나가야 한다. 따라서 공통의 가치에 대한 관심은 리더가 자신의 의지를 다른 사람에게 강요할 수 없는 것이므로 리더십 과정에서 공정성이 강조된다. J. Rawls는 공정성의 문제는 공동의 이익을 촉진하기 위해 협력하는 모든 사람들에게 반드시 필요한 덕목이라고 강조하였다. 공정성은 특별한 상황요건을 제외하고는 리더십 과정에서 특별한 조건이나 예외적인 요소에 대한 배려를 허용하지 않는 것이다. 조직 내에서 어떤 개인이 차별적으로 대우를 받아야 할 경우에는 그 차별적 대우에 대한 근거가 분명하고 합리적이며 건전한 도덕적 가치에 기반을 두어야 한다. 리더는 구성원들의 직무수행에 필요한 자원을 배분하는 경우에 적정하지 않은 규칙을 적용하거나 차별적인 처우를 결정해서는 안 된다는 것이다. 이러한 공정성은 개방성을 통해 보장된다. 개방성은 리더가 구성원들의 의견을 경청하고, 감정이입을 하며, 반대 의견을 포용하고, 다른 사람의 의견을 수렴하는 것이다. 구성원의 의견을 수렴하는 이러한 활동은 P. S. Cohen이 강조한 바와 같이 일시적이 아니라 연속적인 과정이 되어야 한다(P. S. Cohen, 황해선 옮김, 2007: 14-21). 리더는 또한 균형성을 가져야 한다. 균형성은 어느 한쪽으로 치우침이 없이 일관되게 고른 것이다. 단순히 양적인 균형에 한정되는 것이 아니라 질적인 균형을 강조한다. 이를 위해서는 모든 사람에게 양립할 수 있는 유익한 공동목표를 탐색해야 한다. 리더는 다른 사람들의 보다 큰 행복과 이익을 위해 공헌하고, 기꺼이 봉사하고, 공동의 이익을 최우선으로 하며, 다른 사람에게 유익한 방향으로 행동해야 한다. 이러한 공동목표의 구현을 위해서는 리더 자신이 먼저 공명정대하게 일을 처리해야 한다. 그리고 나와 구성원들의 동등한 상호책임의 원칙과 다른 사람의 관점에서 바라보는 균형적 시각으로 아랫사람과 소통해야 한다.

리더십의 과정에서 리더가 공정성과 균형성에 입각하여 합리와 설득을 통해 리더와 구성원, 조직의 공동목표를 형성하게 될 때 구성원이나 조직의 가치가 바람직하게 형성되고, 이와 함께 구성원의 행동을 변화시키는 선순환 구조가 형성되어 구성원의 적극적인 행동을 이끌어 낼 수 있는 것이다. 그리하여 구성원 모두 개인의 가치실현은 곧 공동목적의 구현이라는 인식을 하게 함으로써 자발적, 헌신적, 지속적으로 행동하는 리더십 윤리문화가 형성될 수 있는 것이다.

## 3. 리더십 기술의 윤리적 당위와 실제, 덕목

리더십은 근본적으로 내면에서 충전된 리더의 인격이 외부로 표출되는 영향력이다. 리더십은 마치 바다 위에 떠 있는 빙산이 전체의 5% 정도가 물 위에 떠 있고 나머지 95%는 물 밑에 잠겨 있는 것처럼 외부로 발휘되는 리더십에는 이에 작용하는 내부적 리더십이 잠재되어 있다(박재호, 2007: 45-47). 이러한 리더십의 구조를 Ken Blanchard는 양파에 비유하고 있다. 그는 양파가 껍질로 겹겹이 쌓인 모습처럼 리더십도 여러 층으로 형성된 성격이 외부로 표출되는 행동양식이라고 규정한다. 즉 리더의 성격층은 맨 안쪽으로부터 핵, 성향층, 가치관층, 인격층으로 형성되어 있다는 것이다. 먼저 핵은 무의식적인 자아이며, 성향층은 타고난 성향과 습득한 성향으로 형성되어 있고, 가치관층은 성향층과 합쳐져서 인격층을 형성하는 데 영향을 미치며, 인격층에 의해 리더십의 행동양식이 표면적으로 나타난다는 것이다(Ken Blanchard, 조천재 외 옮김, 2009: 32−33). 여기서 인격은 개인의 성향과 가치관의 결과로 형성되는 행동양식이므로 리더십의 기술은 리더의 내면적으로 형성된 인격이 외부에 표출되는 것이다. 결국 리더십의 기술은 인격이라는 내적 리더십과 영향력이라는 외적 리더십으로 구성되어 있다고 할 수 있다.

내적 리더십은 인격을 핵심요소로 한다. 인격은 올바른 이치를 알고 이를 스스로 모든 사물에 올바로 적용할 수 있는 것을 말한다. 인격은 지역사회의 기대와 규준, 개인의 성향, 가치관이 통합되어 공동체 생활 속에 나타나는 도덕적 판단이고 그 실천행동이다. 이러한 인격은 인간의 완성으로서 자기 수양을 통해 충전된다. 한편 외적 리더십은 어떤 구체적인 작업이나 활동에 관한 지식이나 능숙성, 사람들과 협력적으로 일해 나갈 수 있는 힘, 아이디어나 설득력 있는 표현 기술 등을 의미한다.

리더십 기술은 자신의 내적 세계와 자질에 대한 인식에서 시작된다. 리더십 기술은 먼저 자아수련에서 시작하여 자신을 관리하고 조직을 관리하는 내적 리더십 기술단계를 거쳐서 인간통솔의 외적 리더십 기술단계로 심화 발전하는 것이다. 리더십 기술은 자기 내면에서 출발하여 외부로 지향하는, 그리고 자기 자신으로부터 다른 사람에게 확장되는 영향력이라고 할 수 있다. 이러한 영향력은 리더의 능력과 도덕성을 포괄하는 총체적인 역량 속에서 발휘되는 것이다. 유능한 리더가 되기 전에 훌륭한 시민이 되어야 한다는 말과 같이 리더는 자신에 대한 깊은 성찰과 올바른 이치에 따라 움직일 수 있는 행동 그리고 지각을 활용하여 주위의 다른 사람에게 영향을 미치고, 조직이나 집단에 확산시키고, 궁극적으로 공동체의 목적 구현에 기여하는 것이다.

리더십의 기술에 있어서 윤리적 이상의 당위는 인격(人格)을 통한 공감(共感)과 감화(感化)이다. S. Samuel은 "세상을 움직이는 것은 인격"이라 하였고, E. F. Puryear는 "리더십에 있어서 인격은 모든 것이다"라고 강조하였다. J. C. Maxwell은 최고수준의 리더십은 '인격에 의한 리더십'이라고 주장하였다. 여기서 인격에 의한 리더십은 리더의 인격적 감화이다. 인격적 감화는 끊임없는 자기수련 과정을 통해 자신의 내적 가치와 외적 가치와의 갈등을 극복하고 조직과 사회속에서 공동체 생활을 통해 자신의 삶의 틀을 성찰하면서 형성되는 진정한 영향력이다. 이러한 인격적 감화는 인간으로 갖추어야 할 품성을 구비함으로써 자연히 외부적으로 표출되어 나타나는 인간미로서 구성원들에게 마음으로부터 우러나오는 공감과 심복을 이끌 수 있다.

리더십의 기술에서 윤리적 실제의 문화적 가치는 성과나 목표를 달성하는 능력(能力)이나 역량(力量)이다. 오늘날 리더십의 실제에서는 인격이나 도덕성과 같은 내적 리더십보다는 지식이나 기술 등 외적 리더십이 중시되고 있다. 훌륭한 리더의 자격으로 도덕성보다는 지식이나 기술을 우선시하고 중요하게 평가한다. 외적리더십이 구성원의 행동력을 이끌어 내는 한 요소임은 분명하다. 그러나 내적리더십이 뒷받침되지 않는 외적리더십은 구성원의 행동력의 한계를 가져올수밖에 없다. 그럼에도 불구하고 현대 리더십의 이론은 내부적인 리더십의 영역보다는 능력이나 기술에서 권위를 갖고 주도해 나가는 외부적인 리더십 영역에 초점을 맞추고 있다. 이로 인해 오늘날 우리 사회에서 훌륭한 리더의 자질을 갖춘 많은 사람들이 단순히 관리자에만 머물거나 훌륭한 리더로 성장하지 못하는 결과가 되고 있다. 리더의 능력이나 역량은 리더의 인품과 도덕성이 뒷받침되었을 때 리더십의 진정한 영향력을 이끌어 낼 수 있다.

리더십의 기술에서 요구되는 덕목은 내부적 리더십과 외부적 리더십을 균형적으로 조절할 수 있는 정직성(正直性), 성실성(誠實性), 수범성(垂範性)이다. 이들 덕목은 개인의 욕구 충족과 윤리적 과정이라는 조건을 조화시켜 구성원의 행동을 올바로 이끌어 가는 자기 관련 덕목이다. 여기서 정직성은 단지 진실을 말하는 것만을 의미하는 것이 아니라 다른 사람에 대하여 마음을 열고 가능한 한 완전하게 사실을 표현하는 것과 관련이 있다. F. N. Brady는 리더가 정직하지 않으면 다른 사람들은 그를 믿으려 하지 않는다고 하였다(F. N. Brady 1998: 309-319). 리더가 말하고 주장하는 것에 대해 구성원들의 믿음을 잃게 되면 리더에 대한 존경심이 사라지고 구성원들이 더 이상 리더를 신뢰하지 않기 때문에 리더의 영향력은 치명적인 손상을 받게 된다. 성실성은 정성스럽고 진실한 마음 또는 품성으로서, 일이나 사람을 대함에 있어서 소중하게 생각하고 거짓이 없는 것으로, 인간관계나 일의 처리에 있어서 신뢰 형성의 핵심요소가 된다. 성실성은 단순히 진실만을 의미하는 것은 물론 올바른 것을 적극적으로 행하는 것을 포함한다. 수범성은 말하는 대로 실행하는 것이며 단순히 관습적인 것인 것이 아닌, 보다 높은 도덕적 표준에 도달하려고 하는 적극적인 자세이다. 즉 윤리적 이상의 당위를 도덕적 표준으로 삼아 자신이 먼저 실천하는 것으로 철저한 자기 절제와 제어가 필요한 덕목이다.

리더십 기술의 정직성, 성실성, 수범성은 리더로서의 통전성을 제고시켜 구성원이 마음으로부터 따르게 하는 인간미를 느끼게 하고 리더에 대한 신뢰를 높이게 된다. 통전성(integrity)은 '완전하게 일치된 상태'로서 내 말과 행동이 일치된 상태를 의미하는 말이다. 일종의 언행일치의 태도와 행동이다. 일시적인 국면에서의 일치가 아니라 어떠한 경우에도 항상 일치하는 것이다(J. C. Maxwel, 강준민 옮김, 1997: 74-82). 통전성은 일을 처리하는 능력이 아니라 사람됨이고 인간미다. 리더가 통전성을 갖추게 되면 구성원의 감화와 공감을 일으키고, 신뢰를 얻게 되며, 리더십의 진정한 영향력을 이끌어 낼 수 있게 되는 것이다. 그러나 리더가 단 한 번이라도 이러한 통전성을 상실하게 되면 이를 원상태로 회복하는 것은 대단히 어렵다. 따라서 리더가 되려는 사람은 공적인 업무처리나 사적인 행동에 이르기까지 매사 신중한 행동과 철저한 자기관리를 통해 통전성을 상실하지 않도록 해야 한다.

앞에서 살펴 본 바와 같이 리더십의 윤리문화적 접근방법에 있어서 리더십의 관계는 리더와 구성원의 상하 간의 관계가 아니라 공동체적 삶 속에서 공존하는 상관적이고 대등한 역할관계이며, 리더십의 과정은 단순히 조직의 목표 달성을 위한 영향력 수준이 아니라 윤리문화의 틀 속에서 작동하는 가치의 선순환의 과정이며, 리더십 기술은 리더의 지위나 권한에 의한 주도나 통제가 아니라 인격을 통한 공감과 감화에 의해 구성원 스스로 행동하도록 하는 것이라고 할 수 있다.

이러한 리더십의 관계와 과정, 기술에서 윤리적 이상의 당위와 실제의 문화적 가치, 덕목과의 관계를 종합적으로 표시하면 <표2>와 같다.

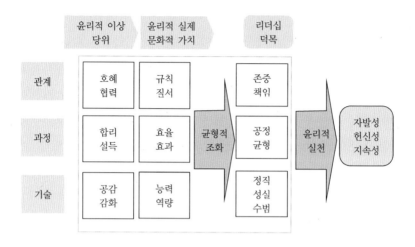

〈표 2〉리더십의 윤리적 당위와 실제의 문화적 가치, 덕목의 관계

이러한 리더십의 윤리문화적 접근을 통해 구성원들이 개인적 가치의 실현은 물론 공동체적 목적을 구현하는 데 자발적이고 헌신적이며 지속적인 행동력을 이끌어 냄으로써 리더십의 당위와 실제 간의 괴리와 갈등을 극복하고, 아울러 리더십이 개인의 당면문제를 해결하는 원리뿐만 아니라 공동의 문제 그 자체를 해결하는 원리로 작동할수 있게 되는 것이다. 결국 리더십의 윤리문화적 접근은 리더십의 진정한 영향력을 제고시킴으로써 리더와 리더십에 대한 적실성을 향상시키고 신뢰를 확보하려는 접근방법이라고 할 수 있다.

오늘날 리더십에 있어서는 리더십의 실제로서 문화적 가치의 중요성을 인식하면서도 이와 관련된 리더십의 윤리적 당위에 대해서는 진지하게 고려하지 않고 있으며, 리더십의 윤리적 당위를 강조하면서도 리더십의 실제에서는 능력과 효율성을 중시하는 모순과 괴리를 갖고 있다. 이러한 현상은 리더의 윤리적 이상의 당위에 대한 인식이 부족하거나 리더십의 윤리적 실천의지가 미흡함에서 비롯되는 결과이다. 오늘날 리더십에 있어서 윤리적 잘못은 근본적으로 의지적이지 인식적이 아니라는 점에서 인간 본성의 관점에 의거해야 한다. 리더가 비도덕적으로 행동하는 것은 도덕적 요구조건에 접근이 부족해서가 아니라 도덕성이 요구되는 것보다 다른 어떤 것을 하기 위해 움직이기 때문이다. 이런 차원에서 리더십의 윤리문화적 접근은 오늘날 리더십에 대한 잘못된 인식과 리더십의 실제에서 팽배되어 있는 모순을 극복하는 데 많은 시사를 두고 있다.

그러나 이러한 작업은 현실적으로 그렇게 쉬운 일은 아니다. 오늘날 리더십의 실제에 있어서 리더십의 윤리문화가 무엇을 의미하는지에 대한 공유된 이해를 제공할 패러다임도 없으며, 그러한 이론적 접근틀도 부재한 상태이다. 결국 리더십의 윤리문화적 접근은 개념의 모호성이나 추상적인 이론에 머물 수 있는 여지를 갖고 있다. 이에 대해서는 앞으로 기존의 리더십에 대한 선행연구와 학문 간, 학제 간의 통합적인 접근을 통해 지속적으로 발전시켜야 할 것이다. 하지만 이러한 접근에 있어서 중요한 것은 정치한 이론체계나 고도의 과학적인 예증이 아니라 기존 리더십의 오해와 왜곡에 대한 반성과 리더십 실체에 대한 보다 근본적인 인식의 전환이다. 특히 국제화, 지식정보화, 다원화, 전문화, 과학화로 지칭되는 새로운 리더십 환경하에서, 복잡한 당면 문제들을 시의성 있게 결심해야 할 리더들에게는 리더십의 윤리적 이상의 당위와 실제의 문화적 가치를 균형적으로 조화시키고 윤리적으로 실천하는 리더십의 윤리문화적 틀을 최우선 가치로 인식하는 사고의 전환이 선결되어야 할 것이다.

리더십의 윤리문화적 접근은 서구에서 발전한 현대 리더십 이론보다 한국을 비롯한 동양의 유교권 국가에서 일찍이 제왕학이나 용병술 등에서 함의되어 있는 관점이다. 특히 전통사상과 유교사상에 바탕을 둔 한국에서는 역대 군왕의 통치나 지도자들의 리더십에서 윤리문화적 리더십의 함의들이 널리 발견되고 있으며 오늘날 한국사회의 조직운영에서도 그 영향력이 높게 나타나고 있다. 그럼에도 불구하고 한국의 전통사상과 역사적 리더십 사례 속에 내포되어 있는 윤리문화적 리더십의 함의에 대한 체계적인 연구는 제대로 이루어지지 못하고 있다. 따라서 한국의 리더십 윤리문화적 함의를 이해하고 이를 리더십의 실제에 응용하고 실천할 수 있는 이론체계의 정립과 접근방법의 개발이 요구되는 것이다.

# ■■■ 제4장  한국의 리더십 윤리문화

한국의 리더십에는 현대 리더십의 보편성과 함께 한국사회에서만 존재하고 있는 리더십의 윤리적 당위와 실제의 문화적 가치를 갖고 있다. 한국의 리더십과 서구의 리더십 간에는 시간적, 공간적, 문화적인 특수성이 존재하고 있다. 따라서 한국의 가치관과 시대적 상황, 현실을 간과한 채 서구의 현대 리더십 이론으로 한국의 리더십 실체를 이해하는 데는 한계가 있다. 오늘날 한국의 리더십에서 제기되고 있는 리더십의 적실성 문제는 한국의 리더십 실체에 대한 근본적인 성찰 부족에서 비롯된 결과라고 할 수 있다.

오늘날 한국의 리더십은 현대 리더십의 보편적인 원리를 지향하면서 상대적으로 구별되는 한국의 리더십 특수성에 유의하는 윤리문화적 접근이 요구되고 있다. 즉 한국의 리더십의 윤리적 당위와 실제의 문화적 가치를 균형적으로 조화시키고 윤리적으로 실천하는 윤리문화적 접근을 통해 구성원들의 진정한 영향력을 창출할 수 있다. 한국의 리더십 윤리문화에 대한 이해와 리더십의 실체에 대한 근본적인 성찰을 통해 리더십의 윤리성과 효율성의 괴리와 갈등을 극복하고 한국 리더십의 적실성을 제고시킬 수 있다.

이 장에서는 앞에서 발전시킨 리더십의 윤리문화적 접근틀을 기초로 한국의 전통사상에서 리더십의 윤리적 당위를 도출하고, 한국인의 의식구조와 가치관, 역사적·시대적 요구 등에 대한 종합적인 분석을 통해 리더십의 실제의 문화적 가치를 규명한 후 이를 균형적으로 조화시키는 리더십 덕목과 바람직한 리더십 윤리문화를 도출하고자 한다.

## 제1절 한국의 리더십 윤리적 당위

한국의 리더십의 윤리적 당위는 한국의 전통사상 속에 함의되어 있는 윤리적 이상의 당위에 대한 고찰을 통해 확인할 수 있다. 여기서 전통이라고 하면 우리 민족의 삶 속에서 어느 시기부터 굳어져서 현재까지 이어져 내려온 것에 대한 포괄적인 개념이다. 따라서 한국의 리더십의 윤리적 당위에 대한 고찰은 고유사상과 불교, 유교사상이 융합된 전통사상은 물론 서구의 자유 민주주의 사상과 함께 수용된 기독교사상을 동시에 고려해야 할 것이다.

이 절에서는 한국의 고유사상과 외래사상으로 수용되어 한국화한 불교, 유교사상, 그리고 한국의 기독교사상을 중심으로 한국의 리더십의 윤리적 당위를 고찰해 보기로 한다.

### 1. 고유사상

한국의 고유사상은 한민족이 한반도를 생활터전으로 정하고 공동생활을 시작하면서부터 형성된 사고 및 신념체계이다. 일반적으로 한국의 고유사상은 단군신화와 풍류사상에 무속신앙을 포함시키고 있다. 이러한 고유사상에 내포된 리더십의 윤리적 당위는 문헌이나 자료의 한계로 인해 정확히 확인할 수는 없지만 선행연구에서 밝혀져 있는 사실과 근거를 토대로 유추함으로써 어느 정도 파악이 가능하다. 여기서는 단군신화와 화랑도 사상을 중심으로 고유사상에 함의되어 있는 리더십의 윤리적 당위를 살펴보기로 한다.

단군신화(檀君神話)는 한국 고대사회의 원형적 사고를 포괄적으로 함축하고 있다. 단군신화에는 자연숭배, 조상숭배, 경천(敬天)사상, 천지인(天地人)의 합일(合一) 내지는 균형사상, 속계합일(俗界合一), 밝고 큰 것에 대한 신앙적 존중(한국국민윤리학회, 1999: 41) 등 한민족의 윤리적 이상의 당위를 함축하고 있다. 특히 홍익인간과 재세이화는 한국 리더십의 윤리적 당위를 함의하고 있다.

홍익인간(弘益人間)은 단군신화에서 환인 제석(桓因 帝釋)이 아들 환웅(桓雄)이 지상의 사람을 다스려 보고자 하는 뜻이 있음을 알고 삼위태백(三危 太白)이 홍익인간의 이상지임을 확인하고, 천부인(天符印) 세 개를 주어 내려가 다스리게 하면서 환웅이 지향한 통치이념이다. 홍익인간은 환웅이 그가 세운 신시(神市)의 건국이념이자 단군(檀君)에 의해 계승된 단군 조선의 통치이념이기도 하다. 홍익인간은 '인간(세상)을 널리 이롭게 한다'는 의미로서 나라를 다스림에 있어서 다른 사람에게 이익이 되게 한다는 순수한 인간애가 내포되어 있다. 이를 해석하면 나라를 다스림에 있어서 민의에 따라 백성을 널리 이익이 되게 다스린다는 인간중심적 사고와 자신의 불편이나 괴로움을 참고 다른 사람이나 공동체 전체를 이익이 되게 하는 것을 도덕적 기준으로 삼는 선타후아의 헌신적 이타주의, 지위고하를 막론하고 사람은 평등하다는 인식하에 서로 돕고 도움을 받는 아름다운 사회와 국가를 만드는 차별심이 없는 평등주의를 내포하고 있다(심우섭, 2005: 29-31; 조현규, 2002: 46-47). 홍익인간에 함의되어 있는 리더십의 윤리적 이상의 당위는 공동체 사회의 공존공영을 위한 대승적 차원의 이타성과 평등성을 바탕으로 한 인본주의라고 할 수 있다.

재세이화(在世理化)는 홍익인간이라는 통치이념을 구현하기 위한 환웅의 통치원리라고 할 수 있다. 재세이화에서 '이화(理化)'는 인간사의 모든 것을 이적(理的)으로 풀어 가려는 것으로서 다스리는 이치와 교화의 기준으로 공명한 진리와 도리를 숭상하는 사상이 담겨 있다(송재운, 1992: 52-3). 재세이화에 대해 이병도는 '인세(人世)에 있어(在) 다스리고(理) 교화(敎化)하였다'고 하여 민중과 '함께하면서(在)' 현실참여하에 다스림을 강조하였고(이병도, 2000: 180), 김종서는 백성을 다스림에 "강압, 무력이나 수탈로 다스리는 것이 아니라 백성들에게 무엇이 필요하고 무엇이 고통스러우며 무엇을 원하는지 세상의 구석구석을 살펴서(在) 백성들이 필요한 것을 베풀어 주고, 고통을 치료해 주며, 원하는 것들을 들어주면서, 나라에 충성하고, 부모에 효도하며, 형제간에 우애 있고, 이웃에 너그러우며, 정직하고, 의로운 사람으로 살아가도록 교화시켜 다스렸다(理)"라고 해석하고 있다(김종서, 2001: 122-123). 이와 같이 재세이화는 다스림에 있어 강압과 같은 수직적 사고가 아닌 '살핌(在)'의 수평적 사고가 함의되어 있다. 즉 인간세상을 다스림에 있어서 상명하복의 권위주의를 배제하고 오직 민생을 위해 자연의 본성과 합리성에 따라 다스릴 것을 강조한 것이다. 따라서 재세이화에 함의되어 있는 리더십의 윤리적 이상의 당위는 진리와 도리를 숭상하는 이화(理化)와 보살핌의 수평적 사고라고 할 수 있다.

화랑도(花郞道)는 전통사상인 풍류도(風流道)와 도가(道家)적 사상이 융합된 독특한 청소년의 교육이념이다. 화랑도는 삼국시대 초엽 고구려, 백제 등에 모두 존재했던 일종의 청소년 애국운동이지만 고구려, 백제 두 나라의 빈번한 침입에 분발한 신라에서 보다 체계적으로 발전하였다. 신라의 화랑도는 일단의 청년들이 서로 어울러 교제를 배우고, 노래 부르고 춤추며, 학문과 기예도 배우며 명산대천을 찾아 풍속과 물산과 지리를 익히는 동시에 공동생활을 통한 협동심, 겸양과 절제를 체험하고 실행하였다. 아울러 고난과 희로애락을 통해 인정의 기미와 도의를 연마하고, 서로 동정하며 돕고, 교만하거나 시기하지 않는 마음을 닦는 등 이론보다 실행을 숭상하고, 옳음과 선을 권하고, 불의와 악을 미워하는 것을 수련내용으로 하고 있다 (황준연, 2003: 40-41; 현상윤, 1978: 19). 이런 수련과정을 통해 화랑들은 접화군생의 원리를 터득할 수 있었다.

접화군생(接化群生)은 뭇 생명과 함께하면서 교화한다는 의미이다. 이는 도덕적이고 이성적인 것뿐만 아니라 모든 생명의 감성적이고 정서적인 화합을 통해 하늘·땅·사람의 결속과 일체감을 다지는, 이른바 신바람을 불러일으키는 것이다(김윤경, 2007: 34-35). 접화군생은 당시 화랑들이 추구한 이상적인 리더십이라고 할 수 있다. 이러한 리더십은 단순한 개인 영달의 추구가 아니라 전인적 인격함양(君子 仁人)과 더불어 함께하는 지혜를 습득함으로써 국가적인 리더로서 성장할 수 있었다. 이러한 화랑도 사상에 함의되어 있는 리더십의 윤리적 이상의 당위는 올바른 인격을 통해 화합과 공동체성을 구현시키고 구성원이 신명나게 행동하게 하는 리더십의 기술이라고 할 수 있다.

한국의 고유사상에 나타나고 있는 리더십의 윤리적 이상의 당위는 전반적으로 인간주의에 바탕을 두고 있으며, 리더십 관계 면에서 수평적 사고를, 리더십 과정 면에서는 합리의 숭상을, 리더십 기술 면에서는 인격함양을 중시하였다.

## 2. 불교사상

불교경전에는 지도자가 갖추어야 할 모습과 자질, 그리고 역할과 관련한 언급이 여러 군데 나타나 있다. 그럼에도 불구하고 이러한 내용들이 현대사회에 적합한 리더십 이론으로 재해석되고 새롭게 개발되지는 못하였다. 불타에게서 오늘날 현대적 의미의 리더십에 대한 직접적인 언급은 보이지 않지만 경전 해석이나 당시 위정자들이 국가적 문제에 봉착하여 불타에게 의견을 구함에 있어 답한 언설이나 담화 등을 살펴보면 불교사상에 함의된 리더십의 윤리적 당위를 유추할 수 있다.

불교사상에서 리더십의 윤리적 당위와 관련된 내용은 불설인왕반야바라밀다경(佛說仁王般若波羅蜜多經), 육방예경(六方禮敬), 범망경(梵網經) 등의 경전에서 나타나고 있다. 여기에 국가 지도자의 리더십과 관련하여 진호국가론, 정법치국론, 왕덕설 등이 제시되어 있다.

진호국가론(鎭護國家論)은 자기 국가만을 위한 이기적인 국가관이 아니라 자국과 타국이 병존한다고 보는 국가관이다. 불교에서는 중생과 중생, 중생과 부처가 평등하듯 국가와 국가도 동등하게 취급되고 있다. 즉 불교가 지향하는 이상적인 국가는 다수국가가 상호 병존하면서 서로 침범함이 없이 평화를 유지하면서 국리민복을 유지하고 중생구제와 불국토를 건설하는 데 있다. 이를 위해 국왕은 불법(佛法), 즉 정법(正法)에 의해 왕이 된 것이므로 정법에 의해 나라를 다스려야 한다는 정법치국을 강조하고 있다(김동화, 1999: 185－218).

정법치국론(正法治國論)은 개인적으로 인격 완성자가 되고 그 인격 완성자들이 구성되어 국가가 되고 이것을 정법으로 삼으면 궁극적으로 정치는 다스리지 않아도 스스로 다스려지고(不治而自治) 스스로 교화되는(無爲而自化) 이상적인 정치가 실현된다는 것이다. 이러한 정법에 의해 다스려진 국가가 전륜왕(轉輪王)의 국가이다. 전륜왕국은 나라가 잘 다스려지고, 평화가 유지되며, 국가 간의 경계도 없이 한 나라가 된다는 불교의 이상국가론이다. 전륜왕은 정법을 행하고 지키며 이를 존중하여 국가를 다스린 왕이다. 이러한 전륜왕이 되기 위해서는 왕으로서의 덕을 충분히 쌓아야 한다는 것이다.

왕덕설(王德說)은 왕에 처할 만한 덕이 있어야 왕이 될 수 있고 그 덕이 없어지면 왕은 언제라도 그 지위를 잃게 된다는 것이다. 따라서 왕은 백성을 나라로 삼고(王者得位 以民爲國) 항상 백성을 걱정하고 어린아이를 보살피듯 해야 한다(常當憂民 如念赤子)(김동화, 1999: 219－246). 이러한 왕덕은 결코 하루아침에 이루어지는 것이 아니라 오랜 세월에 걸친 적덕(積德)·누덕(累德)을 통해 실현된다. 여기서 왕덕은 오늘날 현대 리더십에 있어서 리더의 인격이나 품성을 상징하는 리더십의 덕목이라고 할 수 있다.

불교사상은 한국에서 가장 지배적인 종교이자 철학이며 생활신념이었다. 삼국시대에는 출가수행의 계율이나 교리보다는 현세적이며 인간중심적인 기복, 선행과 자비, 호가(護家)와 호국(護國)의 의미가 더욱 강조되면서 국가와 불교사상을 접목시켜 통치이념으로 발전하였다. 고려시대에는 불교를 국교로 숭상함으로써 국민정신과 공동생활의 원리로 삼아 국민의 화합과 결속을 강화하고 빈번한 외침으로부터 국난을 극복하는 과정에서 호국불교로 발전하였다.

한국불교는 대승불교에 바탕을 두고 있으며, 그 중심사상은 공과 중도, 보살도 등이다. 한국인의 사고체계 속에는 사람을 움직이는 힘이 인간의 마음에서 비롯된다는 정법사상, 상의상관적 관계에 바탕을 둔 조화와 관용, 이익중생의 대승적 보살도, 자성성불(自性成佛)을 통한 내면의 자유, 욕망의 절제, 분별지(分別智)를 뛰어넘는 절대적멸의 공과 중도사상 등이 넓게 자리하고 있다(정병조, 1988: 190-193). 이러한 사고의 총체적인 실천원리가 바로 보살도 내지는 보살사상이다.

보살도(菩薩道)는 대승불교의 핵심사상으로서 상구보리(上求菩提)와 하화중생(下化衆生), 즉 자기 완성과 이웃 구제의 원을 세워 정진하는 길을 의미한다. 이러한 길은 자기에게도 이익이 되면서 타인에게도 이익이 되는 자리이타(自利利他)의 자비행이다. 자비행(慈悲行)은 근본적으로 절대적이고 무차별한 반야(智慧)의 공관(空觀)에서 비롯된다. 반야(般若)는 차별과 구별의 분별지를 뛰어넘는 공과 중도사상에 바탕을 두고 있다. 공(空)사상은 모든 존재는 공이라는 반야의 공관에서 비롯된 것으로서 개별적 존재에 대한 집착이 사라지면 너와 나는 절대적으로 분리된 존재가 아니라 한 몸의 다른 면일 뿐이라는 것이다. 중도(中道)사상은 주체와 객체의 양극단을 벗어나 정(正)과 반(反)을 지양한 고차원의 단계(離二邊)를 추구하는 실천 원리이다. 이러한 공과 중도의 지혜에 입각하여 어떠한 집착도 없이 이타행을 실천하는 것이 바로 대승보살도이다(동국대, 2009: 140-148, 230-233).

이러한 한국불교의 특징은 원효의 화쟁사상과 의상의 화엄교학에서 잘 나타나고 있다. 원효(元曉)는 세상의 갈등과 대립을 극복하기 위해 온갖 이론(異論)과 이쟁(異爭)의 흑백논리에서 벗어나 균형적, 종합적, 대승적 시각으로 바라보는 '눈뜬 자'의 지혜를 통해 원융 회통하는 화쟁의 원리를 제시하였다. 화쟁(和諍)은 다른 주장을 융섭, 화합하여 귀납시키는 것을 의미한다. 그는 『십문화쟁론(十門和諍論)』에서 세상 만물은 서로 유기적인 관계로 얽혀 있어 전체와 부분이 공유하며(立破無碍), 세상의 이치는 하나가 아니지만 서로 다르기만 한 것도 아니며(非一非異), 같지 않다고 해서 다른 것이 아니라(非同非異)고 인식한다(김상현, 1994: 247-253). 인간의 갈등은 잘못된 인식에서 비롯된 착각이라는 것이다. 따라서 진리와 사실을 깨닫지 못하고 '모두 틀렸다(皆非)'는 논리를 시정해야 하며, 불완전함 속에서도 나름대로의 일면적 참이 있고 일리가 있다는 '모두 맞았다(皆是)'는 이른바 양 긍정과 양 부정이 있어야 하고, 그 다음에 걸림 없이 확인하는 '눈뜬 자'가 필요하다는 것이다. 눈뜬 자는 엄정한 중립자로서 넉넉한 마음과 따뜻한 마음(一心)을 지니고 있어 두 가지 이론을 융섭, 화합하여 귀납시킨다는 것이다. 즉 화쟁의 과정은 현실 속의 다양한 이견을 드러내서 직접 논쟁을 벌이는 과정(異諍)을 통해 다름에 대해 정확하게 인식하고, 그 다음 서로 다를 수 없는 것들임에도 모두 허망하게 생각하고 분별하는 한계를 벗어나 하나의 마음을 통해 서로 통융시키는 과정(會通)을 통해 그 근원을 볼 수 있게 한다는 것이다(박성배, 1991: 375, 386). 이와 같이 원효는 화쟁사상을 통해 온갖 갈등과 대립의 흑백논리가 아니라 보편성과 근본을 발견하고 이를 융섭, 회통시키는 지혜를 제시하고 있다.

한편, 의상(義湘)은 『일승법계(一乘法界)』의 화엄교학(華嚴敎學)을 통해 전체와 개체, 동질성과 특수성의 실제를 융섭한 이상을 위한 자기 헌신을 강조하였다. 화엄교학은 상즉상입(相卽相入)의 원리에 바탕을 두고 있다. 즉 모든 법은 본체적으로 일체이며 현상적으로는 상의상관하고 있다고 인식하고(一卽多 多卽一), 우주와 인생은 근본적으로 평등한 진여(眞如)의 나타남이라고 본다. 따라서 본체적으로는 자타의 구별이 없는 평등한 존재이며, 일체의 관계는 고정불변이 아니라 시공에 따라 상의상관하는 관계로 보는 것이다. 이러한 관계는 전체(總相)는 개체(別相) 없이 이루어질 수 없으며 전체는 하나의 이념을 갖춘 동질성(同相)을 유지한다. 그러기 위해서는 개체 상호 간에 특수성(異相)이 인정되지 않으면 안 되고 반대로 개체의 특수성이란 전체의 동질성과 일치하지 않으면 안 된다. 전체가 총화로서 하나의 이상(成相)을 실현시키기 위해서는 필연적으로 자기 헌신(壞相)이 전제되어야 한다는 것이다(정병조, 1998: 23-24).

원효와 의상은 더불어 살아가는 공존의 길을 제시함으로써 단순히 불교교학에만 적용되는 것이 아니라 세상만사에 보편적으로 적용할 수 있는 균형과 조화의 원리를 제시한 것이다. 여기에는 리더십의 관계, 과정과 기술 등 현대 리더십 전반에 걸친 윤리적 이상의 당위가 함축되어 있다. 이러한 사상은 당시 사회에서 군왕이나 사회 지도층의 내면적 도덕성과 리더십의 윤리 형성에 광범위하게 영향을 끼치면서 리더의 내적인 심화와 리더십의 외연을 확장시키는 등 윤리적 이상의 당위를 형성하는 데 상당한 영향을 끼쳤다고 할 수 있다.

한국의 불교사상에 함의된 리더십의 윤리적 이상의 당위는 전반적으로는 균형과 조화라고 할 수 있다. 리더십 관계 면에서 상의상관의 대등성이며, 리더십 과정 면에서는 정법과 조화를 통한 원융회통이며, 리더십 기술 면에서는 자성성불의 자기완성이라고 할 수 있다.

# 3. 유교사상

유교사상은 현대사회에 있어서 하나의 정치적 리더십 이론이라고 할 수 있다. 유교경전 가운데 이러한 리더십과 관련된 내용은 『대학(大學)』의 삼강령(三綱領)과 팔조목(八條目)에서 잘 나타나고 있다. 그 핵심은 나를 다스린 후 남을 다스리는 수기치인(修己治人)의 리더십이다. 즉 개인이 학문과 수양에서 시작하여 세계 평화를 이룩하는 길을 밝힌 것으로서 수양을 통한 도덕적 자아의 확립(格物致知 誠意正心)을 정치적 리더십(修身齊家治國平天下)의 근원으로 삼고 있다. 여기에는 단계(段階)와 연계(連繫)의 윤리와 지어지선(止於至善)의 원칙이 내포되어 있다(서은숙, 2009: 8). 리더십의 단계와 연계의 윤리는 수신으로부터 평천하의 단계적 발전이 있어야 하고, 아울러 제가하듯이 수신하고 수신하듯이 치국하는 수신제가, 제가치국의 연계가 이루어져야 한다는 것이다. 이러한 윤리는 궁극적으로 명명덕(明明德), 친민(親民)의 최고선에 지향된다는 지어지선의 원칙에 기초하고 있다. 따라서 유교의 리더십은 근본적으로 리더의 덕성(德性)을 기본으로 하고 있다.

유교사상은 공동체 전체의 운명은 사실상 지도자의 지도력에 좌우되며 궁극적으로 최고 정치가의 도덕성에 직결된다고 간주한다. 공자는 "정은 바로잡는 것이다(政者正也)"라고 하였고, '통치자의 행위는 바로잡는 것'으로 해석하면서 정치를 통치자의 성찰과 자기비판의 도덕 개념으로 바꾸었다. 결국 통치자의 올바른 정치에 감동해서 백성들이 심복하며 공동체의 명운은 통치자의 수신에 달려 있다는 것이다. 그리하여 명명덕과 친민이 이루어질 때 모든 구성원들이 만족하는 이상적인 공동체, 즉 '여민동락(與民同樂)' 혹은 '여민해락(與民偕

樂)'이 구현된다는 것이다.

유교사상은 개인과 사회를 관계주의적 도덕관념 속에서 인식한다. 즉 모든 관계망은 기본적으로 쌍무호혜와 상대에 대한 배려를 중심으로 구성되어 있다는 것이다. 이러한 관계상의 배려 덕목을 공자는 인(仁)과 예(禮)에 두고 있으며, 맹자는 개인의 다양한 관계망 속의 역할에 주목하고 상호 관계하는 상대 혹은 역할에 따라 요구되는 덕목이 달라진다고 하여 인의(仁義)를 강조하고 있다(안외순 외, 2002: 18 - 21). 유교사상에서 리더십 관계는 기본적으로 쌍무호혜와 배려의 관계주의적 시각에 바탕을 두고 있음을 의미한다.

유교사상은 정치를 권력에 의한 '지배(支配)'의 차원이 아닌 덕에 입각한 '지도(指導)'의 차원으로 인식한다(이상익 외, 2002: 52). 맹자는 왕도정치란 양민(良民)에서 시작하여 교민(敎民)으로 완성된다고 하였다. 양민은 기본적으로 지도자가 추종자의 욕구를 파악하고 충족시켜 주는 것이며, 교민은 추종자로 하여금 지도자의 상태로까지 의식을 고양시키는 교육을 행함으로써 양자의 가치수준을 동등하게 만드는 것이다(안외순 외, 2002: 22 - 23). 이는 통치과정에서 공동체 구성원의 도덕적 교화를 중요시하고 있음을 의미한다. 유교사상에서 리더십 과정은 법도(法度)가 아니라 도덕적 인간교육을 통한 가치변화에 기초하고 있음을 보여 주고 있다.

유교사상은 통치자의 위상과 자격을 인륜적 절대표준과 유덕자(有德者)로 규정하고 있다. 맹자는 "천하의 도가 있을 때는 소덕자(小德者)가 대덕자(大德者)에게 부림을 당하는 것이고 소현자(小賢者)가 대현자(大賢者)에게 부림을 당하는 것이다"라고 하여 오직 인정에 필요한 덕목의 구비 여부만이 지도자의 자격이라고 보았다. 또한 "백성은 군주보다 귀한 존재이며 백성의 뜻을 얻어야 천자가 될 수 있다"고 하여 백성은 군주의 소유물이 아니라 군주가 그들을 위하여 정치를 잘해야 할 도덕적 의무를 갖는 대상으로 인식하고 있다(안외순 외, 2002: 32-35). 이와 같이 유교사상에서 리더십의 기술은 지위나 권한이 아니라 덕과 현명함을 통한 인격적 감화로 보고 있다.

한국의 유교는 한국의 리더십의 윤리적 당위에 가장 지배적으로 영향을 끼친 사상이다. 유교사상은 삼국시대로부터 조선에 이르기까지 정치, 사회, 문화 등 전반에 걸쳐 절대적인 영향을 끼쳤으며, 특히 군신의 경세나 치국에 있어 그 철학과 이론의 근거가 되었다. 삼국시대와 고려시대에는 가정, 사회, 국가 등 공동생활의 원리와 실천에 반영되어 정착화하였고, 조선시대는 불교를 배척하고 유교사상을 통치이념과 생활원리로 하여 가족관계와 사회질서 및 국가통치의 원리에 적용하였다.

한국의 유교는 삼국시대로부터 조선 초기까지는 주로 공맹사상을 중심으로, 조선 중기 이후부터는 성리학과 실학사상으로 발전하였다. 유교사상에 함의된 리더십의 윤리적 당위는 조선의 건국과정과 중기의 사회적 혼란을 극복하기 위해 당시 유학자들이 왕에 대한 진언이나 상소에서 잘 나타나고 있다. 대표적으로는 정도전이나 퇴계 이황, 율곡 이이, 다산 정약용 등이다.

정도전(鄭道傳)은 조선왕조의 건설에 다대한 공로를 세우고 통치이념을 정립하였으며 국가의 기틀을 수립하였다. 그는 고려사회가 안고 있는 심각한 문제는 불교의 폐단과 토지소유의 집중이라고 인식하고, 대토지 소유를 억제하고, 중앙집권을 강화하며, 불교를 철저히 배척하고 성리학을 세웠다. 그는 학문의 도리는 심성수양이 아니라 올바른 도리를 현실에 어떻게 구현할 것인가라는 경세의 측면을 중시하였다. 또한 '백성은 나라의 근본이고 임금의 하늘'이라는 민본사상을 통치이념의 전제로 삼아 군주의 임무는 '하늘을 대신하여 하늘이 낸 백성을 다스리는 것'이라고 하여 군주가 백성 위에 군림하는 것이 아니라 백성을 편안하게 잘 살도록 하는 존재로 인식하였으며, '백성의 마음을 얻는 것은 인이다'라고 하는 인정(仁政)을 강조하였다. 즉 통치권의 정당한 근거로 민본을 내세우면서 그 통치권의 실천규범으로 위민을 강조함으로써 정치에 있어서 도덕적 근거를 제시하였다. 그리하여 유교이념을 정치적으로 구체화하고 사회적으로 제도화하여, 유교사회의 기반을 확립하고, 왕도정치의 이상을 구현하려는 의지를 보였다. 조선 왕조가 고려와 달리 성리학적 민본국가의 성격을 띠고 태어날 수 있었던 배경에는 정도전의 노력과 지혜가 절대적이었다고 할 수 있다(한영우, 1973). 정도전은 이전까지 하나의 강조 차원이던 민본사상을 정치지도자의 윤리적 당위 차원으로 확고하게 했다고 할 수 있다.

퇴계 이황(李滉)은 '내성외왕(內聖外王)의 수기치인(修己治人)'의 도학에 바탕을 두고 치인보다는 수기를 강조하였다. 즉 인간의 참된 본성을 함양하고 그것을 온전히 드러냄으로써 인격적 자기완성을 도모하는 위기지학을 강조하였다. 위기지학(爲己之學)이란 자기에게서 구하는 것이요, 거경궁리(居敬窮理)와 지행병진(知行竝進)을 통해서 점진적으로 자신의 성장과 성숙을 도모하는 것이다. 그는 학문의 근본 목적을 우주론적 탐색이나 진리에 대한 개념적 인식에 두기보다 인간 자신의 주체적인 성찰과 실천을 기본으로 하였다(한국철학사상연구회, 2005: 190−191). 또한 인간이 따르고 체득해야 할 것은 완전한 이(理)를 따르고 체득하는 것이며, 이(理)는 형이상자로서 하나이며, 두루 있고, 영원하므로 여러 운동을 통하여 천차만별하게 전개되는 '기 (氣)'와는 당연히 품격이 다르다고 하여 기보다 이를 중시하였다. 그는 이와 기를 논리적인 개념이 아니라 주로 도덕적 개념으로 이해하여 천리(天理)에 해당하는 이와 인욕(人慾)에 해당하는 기를 철저히 이원화하고 이를 우위에 두고 있다(김윤경, 2007: 178). 그리하여 기의 영향을 받지 않는 이를 체득하는 것이 지도자의 진정한 공부라고 하였다. 또한 나라의 지도자는 남에게 보이기 위한 공부가 아니라 자신을 닦는 공부를 하는 데서 출발하고 철저한 자기수양을 통해 학문을 완성할 것을 강조하였다. 그가 선조에게 올린 『무진육조소(戊辰六條疏)』에서 인효(仁孝), 성학(聖學), 도술(道術), 복심(腹心) 등 왕으로서의 부단한 자기계발을 강조한 것도 이런 맥락에서였다(김달진 외, 1966: 100−124). 퇴계 사상에 내포되어 있는 리더십의 윤리적 이상의 당위는 私를 억제하고 公을 확보하는 道學의 심화라는 철저한 근본주의의 관철이며, 이에 입각한 '완전한 수기'라고 할 수 있다.

율곡 이이(李珥)는 성왕론(聖王論)의 교과서라 할 수 있는 『성학집요(聖學輯要)』에서 성리학적 이론체계에 기초를 두고 보다 현실적이고 바람직한 리더십론을 전개하고 있다. 그는 군왕을 '천명(天命)의 대행자'로 설정하고 천명은 만물을 주재하지만 구체적인 작위력(作爲力)이 없으므로 군왕의 실천적 행위를 통해서만 드러날 수 있다는 것이다. 따라서 군왕은 성왕이 되겠다는 의지를 확고히 하는 입지(立志), 모든 과정이 이(理)를 탐구하고 체화하여 실천하는 궁리(窮理), 뜻을 겸손히 하고 다른 사람의 장점을 받아들이는 회덕량(炊德量), 신하를 믿고 실권을 맡기며 신하의 간언과 방책을 받아들이는 취선(取善), 양민과 교민을 통해 대중의 지지를 이끌어 낼 수 있어야 한다는 것이다.

군왕은 또한 백성의 '부모'요, '표준'이 되는 사람으로, 군왕의 역할은 백성을 양육시키고 백성을 교육시키는 군사(君師)라고 인식하였다(이상익 외, 2002: 88). 따라서 명리(命理)와 궁리(窮理)를 통해 백성들에게 '표준'을 제시하고, 시비와 선악을 분간하고, 현자를 등용하여 책임을 맡길 것(委任責成)을 강조하고 있다. 그리고 "한 사람의 총명은 유한하고 천하의 도리는 무궁하다"는 관점에서 자기를 버리고 남을 따를 것과 언로를 넓혀서 공론(公論)을 모으고 이를 중시할 것을 권장하고 있다(이상익 외, 2002: 91-110). 이러한 율곡 사상에 내포되어 있는 리더십의 윤리적 이상의 당위는 천리와 민심을 중화(中和)한 공론(公論), 명리와 궁리를 통한 표준에 입각하여 시비와 선악을 분별하는 공명정대함이라고 할 수 있다. 리더십 관계에서는 부모와 사제의 인과 자애를, 리더십 과정은 표준을 제시하고 시비와 선악을 분간하는 명리(明理)를, 리더십 기술은 넓은 덕량과 높은 도량, 포용과 모범이라고 할 수 있다.

다산 정약용(丁若鏞)은 실학(實學)사상에 기초를 두고 보다 전향적이고 개혁적인 리더십론을 전개하고 있다. 다산의 사상적 배경은 정조(正祖)의 도학 정치화와 적극적인 왕의 역할을 정립하려는 정치적 의도와 관련되어 있다. 즉 정조는 "군왕의 학문은 신하의 학문과 다르다"는 입장에 서서 '도학의 정치화'를 배격하고 실천하는 '유위지주(有爲之主)'로 군주의 상을 정립하려 하였다(김문식, 1996: 63). 이러한 정조의 정치적 이념을 구현하기 위해 다산의 문제인식과 해결의 기본틀은 일차적으로 유가적 경학체제에 두고 재해석을 통해 구체적인 대안을 추구했다. 다산은 우선 유학자들이 형이상학적인 선험적 범주에 의해 유교사상을 주석하고 해석하려는 태도를 비판하고, 이치를 궁구하고 이를 구체적인 현실 속에서 실천하는 경험적 맥락에서 경전을 해석하려고 했다. 다산은 치자의 도덕적 성찰을 중심으로 하는 무위적 감화가 아니라 정치에 적극적으로 관여하는 유위(有爲)의 리더십을 강조하고 있다(배병삼, 1997: 62-64). 또한 군주와 백성을 일방적 교화가 아닌 '쌍무-호혜적인 틀'로 재해석하면서, 백성은 더 이상 무조건적인 교화와 복종의 대상이 아니라 자율적인 의지와 선택의 존재이며, 통치자는 백성을 위한 존재로서 백성의 추대와 지지를 받아야 한다고 인식하고 있다. 그리고 이데올로기화한 '의리론'을 해체하고 '백성을 위한 정치'라는 근본 목적을 재성찰하면서 단순히 도덕적 리더십만이 아니라 경세적이고 실무적인 지식과 대책을 적시적으로 시행하여 인간의 욕구를 충족시키는 실용(實用)과 시중(時中)을 강조하고 있다(박병련 외, 2002: 144). 다산사상에 함의된 리더십의 윤리적 이상의 당위는 시의적절한 관여와 시책을 통해 백성에게 도움이 되는 적극적인 관여와 실용성을 바탕으로 하고 있으며, 리더십 관계는 호혜와 대등한 역할관계로, 리더십 과정은 시중과 실용의 맥락에서 납득과 동의를, 리더십 기술은 배려, 봉사와 수신을 강조하고 있다.

전반적으로 유교사상에 나타난 리더십의 윤리적 이상의 당위는 리더십을 후천적인 능력으로 전제하고 '수기'라는 내부적 수양과 '치인'이라는 외부적 영향력을 포괄하는 영역이라는 인식하에 내부의 완성이 있어야만 외부의 치인이 가능하다는 관점으로 보고 있다. 리더십 관계에 있어서는 도덕적 의무인 인륜에 기초하고 있으며, 리더십 과정은 민본주의에 기초한 덕화와 교화이며, 리더십의 기술은 덕으로 다스리는 감화와 심복에 두고 있다. 그리하여 리더가 스스로 도덕적 모범을 보임으로써 백성을 감복시켜 자발적으로 따르도록 하는 무위이치(無爲而治)를 지향하고 있다.

## 4. 기독교사상

한국 기독교는 한국사회에 토착화되어 한국적 특성을 나타내기는 너무 짧은 역사임에도 불구하고 구한말 근대화 물결을 타고 들어와 한국의 근대문화와 사상형성에 중요한 역할을 담당했다. 이런 차원에서 기독교는 한국문화와 분리될 수 없으며 현대 한국사상의 중요한 한 부분을 차지하고 있다고 할 수 있다.

천주교는 조선 후기 주자학의 보수적 전통주의 사회 속에서 완전히 이질적인 사상체계를 가진 종교로서 사회문제와 정치적 파쟁과 연계됨으로써 박해와 순교의 과정을 피할 수 없었고, 이러한 과정을 통해 천주교는 한국 전통사상의 근본에 대한 도전을 함으로써 근대화를 여는 기본적인 이념이 되었다. 즉 초월적 예언자적 신관으로 현실을 상대화하며 비판정신을 동반하였고, 심화된 윤리로서 규격화된 형식윤리를 벗어나 영적인 인간이해와 평등사상으로 인권에 대한 민중의 자각을 불러일으켰다(금장태 외, 2002: 221). 한편 개신교는 교육과 의료사업과 함께 만민평등사상, 일부일처제 도입, 노비제도 폐지, 미신타파 등 한국사회의 근대화와 민주화에 결정적인 역할을 수행하였다(안종수, 2003: 308-331). 아울러 민중의식을 고취시킴으로써 자주의식과 자유의 개념을 보급시키고 일본의 침략의도에 항거하는 항일민중운동을 이끌었다.

한국 기독교의 신앙운동은 세 가지 방향으로 전개되어 왔다. 첫째는 현실에 절망한 사람들에게 개인의 영적 구원과 묵시 문학적 종말론에 서서 현실을 극복해 가려는 교회내적운동이다. 둘째는 현실의 고난과 부조리를 극복해 나가려는 외향적 신앙운동으로서 자주독립과 사회정의, 인간의 자유를 실현하려는 예언자적 신앙운동이다. 셋째는 거시적 안목에서 한국의 문화적 전통 즉 전통종교와의 만남에서 한국문화의 역사 전체의 의미와 구원을 모색하려는 신앙운동이다 (금장태 외, 2002: 206-211).

이러한 신앙운동을 통해 기독교는 한국사회에 아가페(Agape)적 사랑의 윤리를 확산시켰다. 아가페적인 사랑은 인류에 대한 무조건·일방적·절대적인 사랑으로서 대상 그 자체를 사랑하는 타인 본위의 그리스도교적 사랑이다. 이러한 윤리는 신 중심의 종교윤리나 자기중심의 개인구원 윤리가 아니라 '사랑중심의 사회윤리'라고 할 수 있다. 이러한 사랑을 통해 인간 사이에 있는 질투, 미움, 의심 등을 예수가 보여 준 희생적 사랑, 용서의 사랑으로 용해시켜 지상에서 평화의 사회를 건설하려고 하였다. 기독교사상은 민족해방과 독립, 그리고 해방 후 민주화의 과정에서 애국지사나 민주인사들의 리더십에 지대한 영향을 끼쳤다.

한국의 기독교사상에 함의된 리더십의 윤리적 당위는 아가페적 사랑에 바탕을 두고 리더십의 관계에서는 인간세상의 상하관계를 뛰어넘는 초월자에 의한 평등개념, 리더십의 과정에서는 민주성과 합리성, 리더십의 기술에서는 봉사와 희생, 용서 등이라고 할 수 있다.

이 외에도 동학이나 증산도, 원불교 등 민족종교에서도 한국의 리더십의 윤리적 당위를 찾을 수 있다.

먼저, 동학(東學)은 최재우(崔濟愚)에 의해 창도된 민족종교이다. 동학은 한울님을 섬기는 것(侍天主)은 모든 인간의 도리이며, 사람이 곧 하늘(人乃天)이므로 사람을 한울님처럼 모시라(事人如天)는 것이 핵심 사상이다. 그리하여 인간이 자기 안에 '모시고' 있는 한울님을 스스로 발견하고 깨우쳐서 한울님이 될 때 궁극적인 조화를 얻게 된다는 것이다. 따라서 인간이 한울님을 모시고, 기르고, 실천할 것을 강조하고 있다. 동학은 이러한 종교관과 사람에 대한 무차별과 평등, 생명존중과 충효의 유교적 가치관을 결합시켜 세속윤리로 발전시킴으로써 동학혁명이라는 전통사회에서 볼 수 없는 민중적이고 민족적 응집력을 이끌어 낼 수 있었다.

증산도(甑山道)는 강일순(姜一淳)에 의해 창도되었으며, 그 중심사상은 상극투쟁의 혼란(先天)으로부터 상생상화의 화평한 세계(後天)로 나아가기 위해 운도의 조정을 공사의 방법을 통해 결행한다는 것이다. 이 공사는 하늘과 땅을 뜯어 고치는 일련의 작업인 천지공사(天地工事)이다. 천지공사의 핵심적인 내용은 해원상생(解冤相生)이다. 즉 상극지리(相剋之理)로 어그러진 선천의 억울함을 풀어 신도(神道)를 바로잡고, 상생의 도로써 선경을 열고, 조화정부를 세워 하염없는 다스림과 말 없는 가르침으로 백성을 화하여 후천의 세상을 열어 나가는 것이다. 증산도는 전통사회의 신분 차이에서 원한이 비롯되므로 남녀·신분의 평등, 나아가서 인간의 평등을 전제로 한 인간존중의 중요성을 강조하였다.

원불교(圓佛敎)는 소태산 박중빈(少太山 朴重彬)에 의해 창도되었으며, 일원상(一圓相)을 신앙의 대상으로 하고 있다. 일원은 '진리 자체이며 우주 만물의 근본이고, 모든 성인의 마음 징표이며, 사람들의 근본 성품'으로서 곧 은(恩)이다. 이러한 은으로 천지은(天地恩), 부모은(父母恩), 동포은(同胞恩), 법률은(法律恩) 등 사은(四恩)을 제시하였다. 천지은과 부모은은 우주 존재에 대한 고마움의 표시이며, 동포은과 법률은은 사회적 존재에 대한 관심의 배려이다. 이러한 사은을 잘 실천하면 조화로운 세상이 만들어진다는 것이다. 이를 위해 정신수양과 사리의 분석, 정의로운 직업이나 일의 선택 등을 강조하고, 생활관습의 개혁과 관행의 타파 등 사회개혁을 주장한다.

이러한 한국의 민족종교는 전통사상의 윤리적 당위인 인본주의, 조화사상, 숭천사상 등과 서세동점의 기독교사상을 균형적으로 조화시킴으로써 당시 유교와 서구의 휴머니즘의 한계를 보완하려고 하였다. 한국의 민족종교에 함의된 리더십의 윤리적 이상의 당위는 전반적으로 조화와 상생으로서, 리더십 관계에서는 인간존중과 평등을, 리더십 과정에서는 합리적 과정을 통한 가치관의 변화를, 리더십 기술은 심신수양과 건전한 인격을 통한 감화를 추구하고 있다.

종합적으로 보면 한국사상에서 나타나고 있는 리더십의 윤리적 이상의 당위는 개인보다는 전체를 우선하는 민본, 위민과 인륜의 중시, 인간 삶의 보편적인 원리로서 이치에 맞도록 다스리고 가르치는 이화(理化)와 납득, 개체와 전체와의 조화, 그리고 자기완성을 통한 덕화와 심복이라고 할 수 있다. 그러나 이러한 리더십의 윤리적 이상의 당위는 일제 식민통치와 해방 이후 산업화 과정을 거치면서 사회 전반에 걸쳐 중시된 효율성이 강조됨으로써 오늘날 한국의 리더십 실제의 문화적 가치에 제대로 계승되지 못하였다.

그럼 한국의 리더십의 윤리적 실제의 문화적 가치에 대해 살펴보고자 한다.

## 제2절 한국의 리더십 윤리적 실제

한국의 리더십 윤리적 실제는 리더십의 문화적 가치에 관한 논의이자 한국 문화의 정체성에 대한 논의이기도 하다. 일반적으로 한국 문화의 정체성은 음악, 미술, 건축 등 여러 영역에 나타나는 한국의 특성을 의미한다. 오늘날 국제화·개방화에 따라 정체성의 개념도 변화하고 있다. 기존의 정통성이라는 협의의 개념보다는 한국화된 모든 것을 포괄하는 광의의 개념이 부각되고 있다. 탁석산은 한국의 정체성 판단기준으로 현재성, 대중성, 주체성의 세 가지를 제시하였다(탁석산, 2002: 103-114). 현재 갖고 있는 모든 것, 대중이 지지하고 호응하는 것, 그리고 주체적으로 수용한 것은 정체성의 영역에 포함된다는 것이다.

오늘날 한 국가의 이념과 사상은 순수한 고유성에 의해서가 아니라 여러 가지 다양한 문화와 접촉하면서 형성된다는 것이 일반적인 인식이다. 한국사상 역시 중국문명의 한 지류에 속하지만 제한된 범위 내에서 차별성을 지니고 있다(황준연, 2003: ⅴ). 따라서 '한국의 것'이라기보다는 '한국적인 것'을 정체성의 범주에 넣어야 한다는 것이다. 이러한 관점은 문화결정론적인 입장에서 볼 때나 오늘날 현대 사회의 문화적 패러다임에서 볼 때나 설득력을 갖는다. 과거는 물론이고 앞으로 세계 어느 나라도 다른 나라의 것이 전혀 개입되지 않는 순수한 문화란 존재할 수 없기 때문이다. 현대사회에서 문화의 정체성에 대해 순수한 우리 것을 고집하는 것보다 한국적인 것에 관심을 갖는 것이 보다 더 합리적이라 할 수 있다.

그러면 리더십의 윤리문화에 있어서는 어떠한가. 리더십의 윤리문화에 있어서 과연 '한국적'인 것이 존재하는가? 존재한다면 어느 정도인가 하는 문제는 리더십 학계의 주요한 논쟁거리 가운데 하나이다. 한국의 리더십에서 '한국적'이라는 말은 다른 나라에서는 그렇지 않는데 한국에서 보다 그러한 현상이 뚜렷하고 조직 구성원에게 보다 잘 수용되는 것을 의미한다(박경규, 2006: 133). 리더십에 있어서 국가마다 나름대로의 집단의식과 공유가치가 있고 국가를 구성하는 개개인의 사고방식과 행동양식을 결정짓는 중요한 요인이 있다. 이런 차원에서 한국은 오랜 역사와 전통을 가지고 있는 민족으로서 다른 나라와 구별되는 한국의 리더십 윤리문화를 갖고 있음은 부인할 수 없는 사실이다.

연구결과에 따르면, 한국의 리더들은 세계 보편의 리더십을 인식하고는 있지만, 실제 리더십을 발휘할 때는 한국의 가치로부터 더 큰 영향을 받는 것으로 나타나고 있고 한국사회에서 신바람이나 정과 같은 독특한 윤리문화적 정서가 공감되고 있는 것이 사실이라는 것이다. 오늘날 한국의 리더십 실제에서 합리성보다는 인간적인 감정의 교감이 이루어지면 기대 이상의 성과를 나타내게 되는 리더십 윤리문화는 얼마든지 접할 수 있다. 하지만 산업화, 민주화 과정과 서구 리더십 이론에 치우쳐서 이러한 한국의 리더십 윤리문화적 요소를 충분히 발전시키지 못한 것이다.

오천 년 역사 속에서 군왕들의 치적이나 지도자들의 행적 가운데 함의되어 있는 리더십의 윤리적 실제의 문화적 가치는 어떤 형태로든 편재하고 있는 것이 사실이다. 해방 이후에도 산업화와 근대화 과정에서 각계의 리더들이 비록 서구의 리더십 이론에 기초하였다고 하지만 리더십의 실제에 있어서는 한국의 문화적 전통과 한국인의 의식과 가치관을 접목시켜 한국화된 리더십의 형태를 고려했을 것이라는 짐작이 가능하다. 그럼에도 불구하고 한국의 리더십 실제에 있어서 리더십의 윤리문화에 대한 분명한 개념이 정립되지 않은 것은 우리 역사 속에 담겨 있는 이러한 리더십의 윤리문화적 가치를 오늘날 현대 리더십 이론으로 체계화시키지 못한 결과에 기인한 것이라고 할 수 있다.

이제 한국의 리더십의 윤리적 실제의 문화적 가치도 광의적인 인식에 바탕을 두고 접근할 필요가 있다. 한국의 리더십의 윤리적 실제의 문화적 가치는 한국만의 고유하고 순수한 윤리문화 속에 한정할 것이 아니라 우리의 역사 속에 실재하고 있는 치국이나 인정의 독특한 리더십의 특성과 서구적 이론이 한국화된 전반적인 영역을 망라해야 할 것이다. 다만 문화적인 다양성은 존재하지만 리더십의 보편적 원리는 동질적인 것이므로 문화적 상대성을 보편적 원리의 이질성으로 지나치게 강조해서는 안 된다는 점이다. 중요한 것은 공감할 수 있는 보편적인 원리의 탐구와 실용적인 적용 방법을 찾는 노력이라고 할 수 있다.

한국의 리더십의 윤리적 실제의 문화적 가치는 리더십의 일반적 원리들이 한국의 윤리문화 속에서 어떻게 형성되고 변화되면서 발전되어 왔으며 오늘날 어떤 형태로 유지되고 있는가를 고찰하는 것이다. 한국의 리더십의 윤리적 실제의 문화적 가치는 우리 민족이 한반도를 생활 터전으로 삼고 공동생활을 시작하면서부터 형성되었다는 인식하에 고대사회에서 현대사회에 이르기까지 한국의 리더십에 영향을 미친 사상적 배경이나, 한국인의 가치관, 의식구조, 지정학적 상황 등을 종합적으로 고찰해야만 보다 구체적으로 드러날 수 있을 것이다.

일반적으로 한국의 리더십의 윤리적 실제의 문화적 가치는 해방을 전후로 하여 뚜렷이 구분되고 있다. 해방 이전에는 주로 전통사상과 불교, 유교의 영향을 받아 공동체 의식이나 민본주의, 덕치주의 등이 그 핵심을 이루고 있다. 일제 식민지 통치기간 리더십에 대한 왜곡이라는 과도기를 거쳐 해방 이후에는 기독교사상과 서구문화의 영향으로 자유와 평등, 인권 등이 핵심적 가치로 부각되었다. 이렇게 볼 때 한국의 리더십 윤리적 실제의 문화적 가치가 근본적이고 질적인 변화를 가져온 것은 기독교의 전래와 일본의 식민통치라고 해야 할 것이다.

기독교사상의 전래는 한국의 리더십에 있어서 자유와 민주, 평등 의식을 확산시키는 계기가 되었다. 그리고 일제의 36년 식민통치는 리더십 관계를 지배와 복종의 관계로 다시 경화시키는 등 리더십에 대한 왜곡현상을 초래케 하였다. 특히 일제는 식민통치를 통해 한국의 유교적 문화유산에 그들 특유의 천왕숭배사상과 군신의 윤리를 결부시키고 여기에 민족성을 왜곡 선전하여 권위주의적 리더십의 형태를 강화시켰다. 이러한 폐단은 일부 지식층과 국민교육에 침투하여 민족관 확립에 커다란 장애요소로 나타났으며, 지도계층으로 하여금 의존적이고 권위적인 그리고 자기멸시와 부하멸시가 복합된 가학적 리더십의 형태를 발현케 했던 것이다(정주윤, 1978: 129－134). 이러한 리더십의 왜곡현상은 해방 이후 산업화의 개발과정을 거치면서 권위에 대한 왜곡으로, 리더십에 대한 잘못된 인식을 형성하게 하였다.

해방 이후 민주화와 산업화는 서구의 리더십 이론이 한국화하는 과정에서 과학적이고 실천이 강조되는 리더십의 윤리적 실제의 문화적 가치를 형성하였다. 특히 60년대 이후 빈곤과 혼란을 극복하고 국가 주도의 산업화를 강력히 추진하는 과정에서 리더의 강력한 실천의지와 창의적 리더십이 강조됨으로써 한국의 리더십을 한 차원 성숙시키는 전기를 마련하였다. 또한 군대식 리더십을 사회에 확산시키는 계기가 되기도 하였다. 군대식 리더십은 상명하복의 상하관계와 지시 명령에 의한 통제시스템을 적용함으로써 사회 전반에 걸쳐 권위주의나 형식주의가 지배하고 경제개발이나 산업발전의 국민적 요구에 밀려 정당한 과정이나 절차가 생략되기도 하였다. 아울러 효율성이 중시되는 서구식 행정 및 경영시스템이 한국사회에 급속히 전파되었다. 즉 목적달성을 위해 수단과 방법을 가리지 않고 결과에 치중하는 결과지상주의와 이를 가시화시키기 위한 현시적 리더십이 나타나게 되고 결과를 위해서는 도덕적 원칙과 윤리적 가치가 무시되기도 하였다. 그리고 리더십이 조직가치의 우선적 실현을 위해 개인의 권리를 제한하는 구조를 형성하게 되었다. 이에 따라 리더십의 윤리적 실제의 문화적 가치는 리더십 관계면에서는 강력한 지도자가 갖는 카리스마에 절대복종, 리더십 과정면에서는 획일적이고 일사불란한 통제, 리더십 기술면에서는 상명하복의 피동적이고 순응적인 복종이 강조되었다.

70, 80년대에 접어들어 민주화 운동과 문민정부의 출범, 각계각층의 다양한 요구를 대변하는 시민단체와 노동운동의 확산에 따라 사회 전반에 민주화가 이뤄지고 시민의식이 앙양되어 한국 사회는 민주적이고 개방적인 의사 소통체제와 합리적인 의사결정시스템이 갖추어지게 되었다. 90년대에는 자유화와 민주화의 열풍과 남북화해와 개방이라는 대내외적인 환경의 변화에 따라 국가통치체제를 비롯하여 이념갈등, 시민운동의 확산 등 일대 전기를 겪게 되었다. 이러한 사회적 분위기는 한국의 리더십 윤리적 실제의 문화적 가치에 상당한 영

향을 미치게 되었다. 즉 리더와 구성원 간의 관계가 수평적 대등관계로 재설정되었고, 리더십 과정 면에서는 과학적이고 합리적인 활동이 강조되고, 리더십 기술 면에서는 구성원의 자발적인 동기부여에 관심을 갖게 되었다. 반면에 리더십의 효율성과 도덕성, 공동체와 시민성, 복지와 평등 등 사회적 갈등과 대립의 극복에 대한 리더에 대한 불신과 리더십의 부재라는 새로운 사회문제를 부각시키기도 하였다.

오늘날 한국의 리더십의 윤리적 실제의 문화적 가치는 전통사상, 불교와 유교사상, 기독교사상, 해방 이후 형성된 한국인의 가치관, 의식구조 등과 한국의 역사적, 지정학적 상황과 시대적 요구 등이 복잡하게 혼재된 하나의 독특한 패러다임을 형성하고 있다. 이러한 한국의 리더십의 윤리적 실제의 문화적 가치는 전반적으로 다음의 세 가지의 성격을 지니고 있다.

첫째, 타인과의 조화와 인륜을 중시하는 인본주의적 가치가 중시되고 있다.

서양이 개인의 독립성과 자율성에 중점을 두는 데 비해 동양은 자연이나 타인과의 조화에 중점을 둔다. 한국의 윤리적 실제의 문화적 가치는 동양적 인본주의 사상을 바탕으로 하고 있다. 홍익인간, 재세이화, 민본사상과 애민사상 등에서 동양의 인본주의적 이념이 강하게 나타나고 있다. 오늘날 한국의 리더십의 윤리적 실제에서도 인본주의적 요소가 다분히 함의되어 있다. 이에 따라 한국의 리더십은 조직시스템보다는 정, 관심, 인간미, 인간적 관계, 감정 중시, 신뢰 등 인간관계 요인에 의해 작동되고 있다. 대부분의 문화권에서는 보편적인 결론이더라도 한국사회에서는 정과 같은 인본주의적 요소가 강하게 발휘되고 있다. 따라서 한국의 리더십 윤리문화는 현대 리더십의 보편적 원리의 적용보다는 한국인의 정서를 고려한 인정과 배려를 활용할 때 리더십의 영향력이 효과적으로 발휘될 수 있다.

둘째, 리더 중심의 결속과 소속감의 공동체적 가치관이 중시되고 있다.

한국은 오래전부터 공동생활에 있어서 집단의 장을 존중하고 그의 지도에 순응하고 결속하는 공동체적 윤리문화를 형성하였다. 원시씨족사회에서 부족국가로 변천 발달하면서 씨족, 부족 사이는 물론 중국, 몽고, 만주 등의 여러 나라들과의 접촉과정에서 서로 다투고 싸워 삶의 터전을 지키고 더욱 확장할 필요성 때문에 내부의 화합과 결속을 다지지 않을 수 없었을 것이다(한국국민윤리학회, 1999: 41). 또한 외세 침략과 일제강점의 역사적 배경은 공동체적 삶을 유지하기 위해 리더에 대한 무조건적 충성과 맹종을 덕목으로 인식하도록 각인시켰다. 이러한 지정학적 특수성 속에서 외세의 도전을 극복하고 삶의 터전을 지키면서 고유한 삶의 양식을 가꾸어 나가기 위해서는 강한 공동체 의식이 필수적인 요청이었다. 이에 따라 한국의 리더십의 윤리적 실제의 문화적 가치는 리더 중심의 권위와 강한 복종심, 그리고 국가 등 공동체에 대한 소속감이 중시되고 있다.

셋째, 충효사상에 바탕을 둔 가족주의적 가치관이 지배적이다.

가족주의적 가치관은 가족 간의 혈연관계 속에서 형성된 집합체 의식이다. 이러한 가치관은 기본적으로 가족 내의 인간관계를 규정하는 규범으로 작용되었으며, '우리'라는 독특한 공동체 의식이나 집단 귀속의식의 형성에 많은 영향을 끼쳤다. 가족주의적 가치관은 근본적으로 유교의 충효사상에 바탕을 두고 있다. 유교사상에서 강조된 효사상은 가정에서는 가장의 절대적인 권한을 인정하는 강력한 가부장제를 성립시켰고, 나아가 국가적 차원에서는 임금에게 절대적으로 복종하고 순종하는 충사상으로 발전하였다. 이러한 충효사상은 부자 간, 군신 간은 물론이고 일상생활의 상하관계에서도 순종과 복종을 미덕으로 여기게 하였고, 리더십의 윤리적 실제의 문화적 가치에서도 상명하복의 일방성과 통제성을 바탕으로 하는 권위주의적 리더십을 형성하였다.

이러한 한국의 리더십의 윤리적 실제에서는 리더십 주체, 업무의 성격이나 리더십의 환경에 따라 복잡한 이중적 양면성(二重的 兩面性)으로 나타나고 있다. 즉 겉으로 표명하는 것과 속으로 바라는 것, 나의 이해가 관계되었을 때와 그렇지 않을 때의 태도, 정서적으로 가까운 집단과 먼 집단과의 관계 등이 서로 다르게 나타나는 것이다. 이러한 이중적 양면성은 리더십의 관계, 과정, 기술 면에서도 뚜렷이 나타나고 있다.

첫째, 리더십의 관계 면에서는 외적으로는 권위주의나 서열주의가 지배하면서도 내적으로는 인정주의나 관계주의가 공존하는 이중적 양면성을 띠고 있다.

한국사회에서 인간관계의 바탕이 되는 유교적 가치관에 따라 가장이나 임금이 절대적인 권한을 갖는 강력한 권위주의가 형성되고, 사회 구성원 간에는 상하, 노소, 남녀, 형제, 친소로 구분하고 지위나 나이 등을 따지고 서열을 중시한다. 자신이 속한 집단에 대해서는 가족처럼 생각하고 강렬한 집단의식을 갖지만 그렇지 않은 집단에 대해서는 강한 배타성을 갖는다. 이러한 인식은 리더십 관계에서도 그대로 적용되어 나타나고 있다. 외적으로는 계급이나 직위에 따라 엄격한 위계가 설정되고 상하관계에 서열이 매겨지고, 상관에 대해서는 무조건 순종과 복종을 미덕으로 삼는 권위적인 리더십이 지배적이다. 반면에 내적으로는 친소나 소속에 따라 자신이 속한 공동체의 구성원들 간에는 서로의 감정을 공유하고 아끼고 보살피는 정과 유대감을 갖는다. 이러한 정서는 리더십의 관계에서 조직시스템 요인보다 인간적인 요인을 중시하는 경향을 갖는다. 결국 외적으로는 권위와 서열에 의해 지배되는 권위주의가, 내적으로는 정과 연에 의해 지배되는 인정과 배려의 관계주의가 공존하고 있는 것이다.

둘째, 리더십 과정 면에서는 상명하복의 일방성과 통제성을 선호하면서도 합의와 설득의 과정을 중시하는 이중적 양면성을 갖고 있다.

리더에게 권한이 집중되고 리더에 대한 절대적인 순종과 복종을 미덕으로 생각함에 따라 리더가 갖는 지위가 의사결정의 과정을 결정한다는 사고가 지배적이다. 구성원의 자유의지에 따른 결정보다는 리더의 결정이나 지침을 중시한다. 한편으로는 합리적인 판단이나 과정을 강조하면서도 실제적으로는 가장이나 집단의 장이 일방적으로 결정하고 그들의 지시나 명령에 의해 통제되고 있다. 일반적으로 리더는 일방적 결정과 통제성을 선호하는 반면, 구성원들은 대체로 일방적인 지시나 명령보다는 합의와 설득을 통한 공감을 선호하고 있다. 겉으로는 합리와 설득의 과정을 강조하면서도 실제에 있어서는 리더 중심의 일방적 통제가 이루어지는 이중적 양면성을 갖고 있는 것이다.

셋째, 리더십의 기술 면에서 능력 지향과 감성 지향의 이중적 양면성을 갖고 있다.

한국사회에서는 전통적으로 덕화와 감화를 중요시해 왔다. 실리보다는 명분을, 힘보다 덕을 소중히 여기고 강압적인 권위보다는 감화를 리더십의 근본으로 삼고 있다. 그러나 실제에서 대부분의 리더는 목표 달성을 위한 능력이나 기술에 의한 성취지향적인 태도로 구성원의 행동을 이끌려는 경향이 있다. 반면 구성원들은 리더의 배려와 포용, 솔선수범, 윤리성 등과 같은 인간적인 매력 등 감정적 요소를 중요시하는 경향을 갖는다. 이는 백기복의 지적처럼 리더들은 하급자로부터 솔선수범, 하향온정, 미래비전 등에 대한 기대와 요구를 받고 있지만 실제에서는 성취열정, 환경변화, 상향적응 등 행동에 치중하는 '한국형 리더십 패러독스'가 나타나고 있는 것이다. 또한 진정한 힘의 발휘는 능력을 통해서 나온다고 인식하면서도 실제로는 위치나 지위에서 나오는 것으로 생각하고 리더가 되기 위한 능력 개발보다 학연이나 지연 등 연고를 바탕으로 한 인간관계를 통하여 높은 지위로의 상승을 추구하는 경향을 갖고 있다.

이러한 한국의 리더십 실제에 있어서 나타나고 있는 이중적 양면성은 근본적으로 리더십에 대한 이해 부족이나 잘못된 인식에서 비롯된 것이기도 하지만 한국의 리더십의 윤리적 당위와 실제의 문화적 가치와의 균형적 조화와 윤리적으로 실천하는 리더십의 덕목과 이를 지지하고 수용하는 리더십 윤리문화가 활성화되지 못함에서 비롯된 결과라고 할 수 있다. 한국의 리더십의 실제에서 이러한 양면성을 어떻게 조화 또는 조절하느냐에 따라 한국의 리더십의 영향력이나 유효성의 정도는 아주 다르게 나타날 수 있다. 이를 위해서는 한국의 리더십의 윤리적 이상의 당위와 실제의 문화적 가치를 균형적으로 조화시키고 올바로 실천하는 리더십의 덕목과 리더십 윤리문화의 조성이 요구된다.

그럼 한국의 리더십 덕목과 윤리문화에 대해 살펴보기로 한다.

# 제3절 한국의 리더십 덕목과 윤리문화

지금까지 한국에서 리더십의 덕목에 대한 연구는 대체적으로 선호하는 리더십의 유형이나 리더의 자질 또는 특성 등에 초점이 맞추어져 있다. 한국의 리더십에 있어서 선호하는 리더십과 요구되는 리더의 자질에 대한 선행연구를 살펴보면,

신유근은 한국의 성공한 경영자의 자질에 대한 분석 결과를 통해 윤리적 품성, 미래 지향성, 인간적 포용력, 업무능력 순으로 나타나고 있음을 확인하고, 우수한 리더의 자질은 윤리적 품성 등 인간적인 면모로서 인간관계에서 논리보다 감정적 정서가 강하게 작용하고 있다고 하였다(신유근, 1999: 78). 박유진은 한국의 리더십에서 효과적인 특성으로 업무능력과 인간미의 겸비, 권력관계에서의 베풂과 보은의 상호작용, 정감 있는 개인적 유대감, 흥의 활성화와 한의 발생 억제, 권력 이미지의 형성과 리듬, 부하 집단의 주도자에 대한 영향력 갖기, 상황에 부합하는 솔선수범, 부하 신뢰와 인간적 포용력, 부하의 능력 발휘 등을 제시하고 있다(박유진, 2005: 290-294). 또한 신구범은 한국인이 생각하는 좋은 리더는 인간 중심적인 영향력으로서 구성원의 의견을 수렴하고 구성원 간의 갈등을 해결하는 등 조직통합을 잘하는 리더라고 강조하고 있다(신구범, 2001: 111). 양인숙은 한국사회에서 선호하는 리더의 유형은 비전 지향적이고, 성실하며, 성과 지향적이면서도, 인간 지향적인 리더십이라고 하였다(양인숙, 2001: 101). 이외에도 최병순은 부하에 대한 관심과 동기유발, 인화단결과 인정 및 보상을(최병순, 1991), 남기덕은 정의 교감과 시혜와 보은의 가부장 관계를(남기덕, 1999: 133-186), 김종두는 충·효·예 정신(김종두, 1999)

등을 각각 강조하고 있다. 이러한 선행연구에서 보는 바와 같이 한국의 리더에게 공통적으로 요구되는 자질이나 품성은 능력과 도덕성, 인간미의 겸비라고 할 수 있다.

그러나 오늘날 한국의 리더십에 있어서는 단순히 리더의 자질이나 리더십 유형을 넘어서 새로운 관점에서 리더십의 덕목이 요구되고 있다. 오늘날 한국의 리더십은 국가적으로는 사회의 민주화, 개방화, 다원화와 남북관계의 변화 속에서 사회의 다양한 갈등과 대립을 극복하고 민족통일과 국가발전을 동시에 이루어야 하는 국가적 과제를 해결할 수 있어야 한다. 따라서 모든 사람들이 공동체적 삶의 원리에 입각하여 개인의 다양한 가치를 실현하고 아울러 공동체적 목적의 구현에 적극적으로 동참할 수 있어야 하며, 단순한 참여나 응종의 차원을 넘어서 자발적이고 헌신적이고 지속적으로 행동하는 진정한 영향력을 이끌어 낼 수 있는 리더십의 덕목이 요구되고 있다.

이러한 리더십의 덕목은 리더와 구성원이 부여된 임무의 성공적인 수행이라는 차원을 넘어 한국의 리더십의 윤리적 당위와 실제의 문화적 가치를 균형적으로 조화시키고 윤리적으로 실천함으로써 모든 일을 공동체적 삶의 기본원리에 맞도록 올바르게 수행하는 리더십의 관행에 대한 리더의 확고한 신념체계이다. 이러한 리더십의 덕목은 구성원들로 하여금 모든 일을 윤리문화적 틀에 의해 사고하고 처리하는 것을 당연하게 수용하고, 이를 통해 자신이 수행하는 일에 대한 높은 자부심과 긍지를 갖고, 자기실현은 물론 공동체적 목적을 구현하는 데 헌신적으로 행동할 수 있게 한다. 그리고 개인가치와 공동체의 가치, 유효성과 윤리성, 목적과 수단이 갈등하고 대립하는 상황에서도 조직 구성원이나 사회에 올바른 판단과 표준을 제시하고 이를 적극적으로 실천하고 이끌 수 있는 것이다.

한국의 리더십 덕목은 앞에서 고찰한 현대 리더십의 일반적인 덕목과 전반적으로 동일하거나 유사한 성격을 포함하고 있다. 그러면서도 한국의 윤리적 당위와 실제의 문화적 가치를 균형적으로 조화시키고 이를 실천하는 과정에서 지속적으로 수용되고 지지되고 강조되는 리더십 덕목이 분명히 존재하고 있다. 이러한 덕목은 관찰자의 입장이나 바라보는 관점에 따라 다양하게 추출할 수 있을 것이지만 여기서는 한국의 리더들이 리더십의 관계와 과정, 기술에서 리더십의 윤리적 당위와 실제의 문화적 가치를 균형적으로 조화시키고 윤리적으로 실천하는 관행에서 뚜렷하게 나타나는 덕목을 도출하여 제시하고자 한다.

리더십 관계에 있어서는 공동체적 삶에 바탕을 둔 상의상관의 역할관계속에서 인륜(人倫)과 조화(調和)를 바탕으로 해야 한다는 윤리적 당위와 권위(權威)와 인정(人情)의 문화적 가치를 균형적으로 조화시킬 수 있는 리더십 덕목으로 각자의 임무와 역할에 맞는 도리를 존중하는 의리(義理)와 공존공생의 상관성에 입각한 상호배려(相互配慮)가 강조되고 있다.

리더십 과정 면에 있어서는 자기실현과 공동체적 가치를 구현하기 위해 올바른 이치를 숭상하는 이화(理化)와 납득(納得)으로 공감을 형성해야 한다는 윤리적 당위와 통제(統制)나 합의(合意)의 문화적 가치를 균형적으로 조화시킬 수 있는 리더십 덕목으로 공동체성의 구현이라는 대의적 차원에서 공명정대하게 처리하는 공정(公正)과 많은 사람들의 의견을 널리 받아들이는 포용(包容)이 강조되고 있다.

리더십 기술 면에 있어서는 자기수양을 통한 덕화(德化)와 구성원을 감화시켜 마음으로부터의 심복(心腹)을 얻어야 한다는 윤리적 당위와 능력(能力)과 인간미(人間美)를 추구하는 문화적 가치를 균형적으로 조화시킬 수 있는 리더십 덕목으로 개인의 사욕을 벗어나 봉사하고 헌신하는 자기절제(自己節制)와 올바른 행위의 표준을 자신이 먼저 실천하는 솔선수범(率先垂範)이 강조되고 있다.

그러나 이러한 리더십 덕목에는 이를 수용하고 지지하는 조직이나 사회, 국가의 독특한 리더십 윤리문화가 존재해야 한다. 즉 리더십의 윤리적 이상의 당위와 실제의 문화적 가치를 균형적으로 조화시킨 바람직한 리더십의 표준을 지지하고, 이를 윤리적으로 실천하는 행동을 숭상하고, 이러한 리더와 리더십이 사회적으로 장려되고 존경받는 리더십의 윤리문화가 형성되어 있다는 것이다.

한국의 리더십 윤리문화는 리더십 실제에서 한국인이면 누구에게나 올바르게 인식되고 한국의 가치나 의식구조에 수용되는 리더십의 윤리문화적 기능체계라고 할 수 있다. 이러한 리더십의 윤리문화적 기능체계는 한국의 윤리적 당위에 부합해야 하고, 실제적으로 실천되는 윤리문화여야 하며, 리더십의 진정한 행동력을 발휘시키는 일종의 사회적 메카니즘이라고 할 수 있다. 이러한 차원에서 한국의 리더십 윤리문화는 전반적으로 '우리의식'이라는 공동체 의식과 정적인 관계, 흥과 몰입의 상태가 최상의 수준으로 발휘되는 '신'이라고 할 수 있다.

첫째, 한국의 리더십 윤리문화에는 '우리의식'이 작동하고 있다. 한국인은 일단 정감을 갖게 되면 남과 나를 개별로 보지 않고 연결된 하나의 존재로 여기는 정서인 '우리의식'을 갖고 있다. 한국인은 우리의식이 발동되기만 하면 낯선 외국인도 한 가족처럼 동질감을 느낀다. 어떤 조직이나 집단에서 리더가 우리라는 의식을 조성하면 놀랄 만한 단결과 헌신적인 행동력을 이끌어 낼 수 있다. 하지만 이러한 의식은 자신이 속한 집단에 대해서는 가족처럼 생각하고 '우리'라는 강렬한 의식을 갖지만 그 외의 집단에 대해서는 강한 배타성을 갖기도 한다. 따라서 한국의 리더십 윤리문화 속에 자리하고 있는 우리의식은 소승적 차원을 벗어나 사회나 국가, 더 나아가 세계를 아우르는 대승적 차원으로 발휘되도록 하는 리더십이 수반되어야 한다.

둘째, 한국의 리더십 윤리문화에는 '정(情)'이 삭동하고 있다. '정'은 한국의 우리의식을 형성하는 가족문화의 정서로서 남과 나를 한 가족처럼 여기는 한국인의 독특한 정서이다. 이러한 정은 구성원의 자율적인 동기부여와 공동체 형성을 위해 중요한 요소로 작용할 수 있다. 정의 긍정적 성격이 조직을 향해 잘 발휘되면 특별한 가시적 보상체계가 없는 상태에서도 자발적인 행동을 유발시킬 수 있는 동인이 된다. 리더십에 있어서 상하 간 능력으로 결속된 순수한 계약관계를 넘어 정이 통하는 정적인 관계가 형성되면 진심으로 리더를 따르고 자기 능력을 최대로 발휘하게 된다. 따라서 오늘날 서구적 조직체계로 인해 생기는 개인주의나 이기주의를 탈피하는 하나의 도구로 기능할 수 있다. 그러나 리더십에 있어서 이러한 정적인 요소는 구성원에 대한 배타성과 위화감을 조성할 가능성을 잠재하고 있다. 따라서 리더십의 모든 과정에 있어서 공정성과 개방성의 원칙에 입각해서 처리하는 리더십이 요구된다.

셋째, 한국의 리더십 윤리문화에는 '신'과 '흥'이 작동하고 있다. 신명 또는 신바람 등과 유사한 말로서 이는 다른 민족에서는 볼 수 없는 한민족 공동체 생활방식에서 강하게 나타나는 민족 정서이다. 한국인은 일단 흥이 넘치고 신이 나면 무한한 에너지를 발산하게 된다. 이면우는 W이론에서 서구의 리더십 이론이 무분별하게 적용되고 있는 산업현장에서 정립해야 할 한국의 경영개념은 신바람이라고 강조하고 있다(이면우, 992: 89). 이를 위해서는 한국인의 신과 흥이 발휘되는 기본적인 정서와 행동 동기에 대한 정확한 이해가 선결되어야 한다. 또한 이러한 신바람은 공동체적 삶의 원리와 목적에 입각하여 사리에 맞게 올바로 발휘될 수 있도록 절제하고 자제할 수 있는 리더십이 요구된다.

한국의 리더십 윤리문화에 자리 잡고 있는 우리의식과 정과 신이 잘 발휘되면 리더와 구성원의 신념이나 정서가 심리적으로 안정되고 상하 간에 인간적 공감대가 형성되어 자신의 능력을 최대로 발휘하는 이상적인 상태가 나타나게 된다. 이러한 상태는 이장우·이민화가 강조한 바와 같이 어떤 조직이나 집단이 공존공생의 공동체로서의 조직 질서와 분위기를 조성하고, 적극적인 배려와 인간적 유대를 강화하며, 성과에 대한 인정과 보상 등 흥의 사이클을 형성하여 구성원 간에 인간적인 교감이 이뤄지면서 기대 이상의 에너지를 발휘하고, 공동체 의식으로 발전하여 집단의 운명을 자신의 운명으로 받아들이게 되는 이상적인 리더십 윤리문화가 형성된다.

이러한 이상적인 리더십 윤리문화의 사례는 한국 역사에서 쉽게 찾을 수 있다. 신라의 화랑도들이 무리 지어 함께 즐기면서 상마도의를 실천한 접화군생의 심신단련 활동이나 세종대왕 당시 집현전을 중심으로 학자와 신료들이 국가대사를 위해 절치부심한 연구와 논의의 학문활동, 그리고 임진란 시 이순신의 휘하에서 군과 민이 일치단결하여 이끈 완전한 승리 등이 그것이며, 해방 이후에도 새마을운동이나 IMF 시 금 모으기 운동, 2002년 월드컵 시 국민적 응원과 4강 신화 등에서 잘 나타나고 있다.

여기서 경계해야 할 바는 문화적 상대성 원리의 이질성을 지나치게 강조해서는 안 된다는 점이다. 한국의 리더십 윤리문화 속에서 지배적인 영향력을 갖고 있는 우리의식, 정이나 신과 같은 정서는 권위주의나 서열의식, 집단주의, 불공정한 평가 등 부정적인 요소가 내포된 양면성을 지니고 있기 때문이다. 이러한 양면성을 극복하기 위해서는 윤리적 이상의 당위와 실제의 문화적 가치와의 균형적 조화와 윤리적 실천의 윤리문화적 리더십이 요구된다. 그리하여 논리적으로 모순이 없는 합리성과 도덕적으로 정당한 윤리성을 구비하여 구성원들의 공감을 형성할 수 있도록 해야 한다.

　앞에서 살펴본 한국 리더십의 윤리적 당위와 실제의 문화적 가치, 리더십 덕목과 윤리문화는 다음 표와 같이 나타낼 수 있다.

〈표 3〉 한국의 리더십 윤리적 당위와 실제, 덕목과 윤리문화

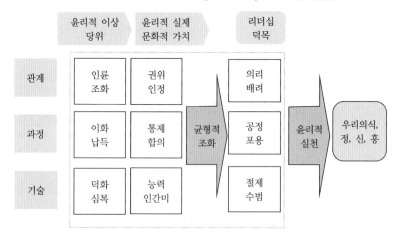

위의 표에서 보는 바와 같이 한국의 리더십 윤리문화는 윤리적 당위 차원에서 공존 공생의 공동체를 바탕으로 인륜과 조화를 형성하는 의리와 배려의 덕이 발휘되고, 개인가치와 공동체적 목적 구현을 위한 이화와 납득을 통한 공정과 포용의 덕이 발휘되며, 내적 완성을 통한 덕화와 심복을 위한 절제와 수범의 덕이 발휘되면 리더십의 실제에 있어서 문화적 가치의 양면성이 극복되고 조직 구성원 개개인은 대승적 차원의 우리의식, 인정, 흥과 신의 상태가 어우러져 자기실현은 물론 공동체적 목적을 구현하는 데 자발적, 헌신적, 지속적으로 행동하는 윤리문화가 조성된다.

　오늘날 한국사회는 정보지식사회와 무한 경쟁이라는 범세계적 상황과 빈약한 자원, 많은 인구, 남북분단 상황 등 한국의 특수한 상황에서 선진화와 민족통일을 동시에 이뤄야 하는 과제를 안고 있다. 이러한 상황에서 서구의 합리주의, 개인주의에 바탕을 둔 리더십을 한국에 보편적으로 적용하는 데는 한계가 있다. 논리적이고 합리적인 서구의 리더십과 한국의 리더십의 윤리적 당위, 그리고 문화적 가치를 조화시킨 윤리문화적 접근으로 한국적 리더십의 정체성을 확립해야 한다. 오늘날 한국에서 발전시켜야 할 리더십 윤리문화는 큰 틀에서는 리더십의 보편적 원리를 지향하고 구체적인 실행에서는 한국적인 정서를 활용하는 리더십 윤리문화라고 할 수 있다.

　역사적으로 한국의 리더십 윤리문화적 요소를 잘 파악하고 이를 체계화시켜 리더십 실제에서 실천함으로써 성공한 리더십의 사례는 많이 있다. 이러한 사례를 적극적으로 발굴하고 집중적으로 연구하여 현대적 의미를 도출하고 이론화시키는 것이 무엇보다도 중요하다.

# ■■■ 제5장　한국의 윤리문화적 리더십 사례

한국의 윤리문화적 리더십 사례는 앞에서 고찰한 리더십의 윤리문화적 접근의 타당성을 예증하려는 것이다. 이를 위해서는 고대국가의 군왕이나 장수에서부터 오늘날의 정치, 경제, 사회 등 모든 분야에서 활동한 리더들의 리더십 사례를 종합적이고 입체적으로 분석해야만 명확하게 입증할 수 있을 것이다. 하지만 현존하지 않는 사람의 리더십에 대한 분석은 문헌과 자료에 의존할 수밖에 없는 한계를 갖고 있으며, 모든 리더들을 전체적으로 분석한다는 것은 현실적으로 불가능하기도 하고 효율적이지도 않다. 따라서 현실적이고 적절한 방법은 역사에서 한국의 리더십 윤리문화적 함의를 가장 잘 포함하고 있는 리더십 사례를 선정하여 이를 집중적으로 살펴보는 것이다.

이러한 인식에 따라 한국의 윤리문화적 리더십 사례로 세종대왕, 충무공 이순신, 백범 김구를 선정하였다. 선정한 이유는 한국사회의 전형적인 리더십이라고 할 수 있는 군주형, 장수형, 애국지사형의 대표적인 모델로서 시대변화에도 불구하고 모든 국민으로부터 존경과 칭송을 받고 있고, 각자 특수한 여건 속에서 민족사적인 업적을 성취하는 데 있어서 한국의 리더십의 윤리적 당위와 실제의 문화적 가치를 균형적으로 조화시킨 리더십의 윤리문화적 틀에 근접한 국면이 있으며, 이러한 윤리문화적 리더십이 오늘날에도 충분히 적용 가능하다는 시사점을 갖고 있기 때문이다.

## 제1절 세종대왕

세종대왕(世宗大王)은 조선왕조는 물론 한민족의 정체성의 기틀을 마련한 위대한 성군으로서 한국의 군주 리더십의 이상형으로 평가받고 있다. 세종대왕은 뛰어난 인재를 모아서 그들의 능력을 이끌어 내고, 단순히 왕권만으로는 움직일 수 없는 사람의 마음을 필요에 따라 적절히 운용함으로써 한글창제를 비롯한 외교, 국방, 경제, 사회, 문화 등에 걸쳐 변화와 창조의 위업을 달성하였고, 오늘날에도 그 업적이 찬연히 빛나고 있다. 이런 차원에서 세종대왕은 '한국의 윤리문화적 리더십의 모델'이며 오늘날 한국의 리더십에 있어서도 하나의 리더십 전형으로 평가받고 있다.

그러면 세종대왕의 리더십에 있어서 윤리문화적 틀은 어떤 것인가? 세종대왕의 리더십은 기본적으로 유교사상에 바탕을 두고 있다. 당시 사회의 유교적 가치관을 수용하면서도 이를 자신이 추구하는 새로운 이상사회의 구현에 투영시켰다. 즉 군주는 만민을 평안하게 하는 것을 소명으로 하는 천명의식(天命意識), 하늘에서 파견된 직분자로서의 천견의식(天譴意識), 하늘을 대신하여 다스린다는 대천이물(代天理物)의 명제를 견지하였다(조남욱, 1989: 32-35). 세종대왕은 항상 민심을 기쁘게 하여 하늘의 견책에 답하는 것이 군주의 사명이며,

하늘로부터 통치권을 위임받아 사람들로 하여금 살아가는 즐거움을 누릴 수 있게 하는 것이 진정한 군주의 책무라고 생각했다. 세종대왕은 리더십에 있어서 인륜과 도덕의 기본을 하늘에 두고 이를 인간다움의 보편적 척도로 삼았으며, 모든 일에 있어서 하늘의 이치에 맞도록 다스려야 하고, 하늘의 뜻에 부합할 수 있는 시책을 추진해야 하며, 하늘과 인간이 상호 감응하고 조화해야 한다고 생각했다. 세종대왕의 리더십의 윤리문화적 틀은 천지인(天地人)의 감응과 조화를 바탕으로 한 합리와 논리를 통한 공감과 납득이라고 할 수 있다.

세종대왕의 리더십 특징을 리더십 관계, 과정, 기술 면에서 살펴보면, 리더십 관계에서 세종대왕은 평등적 인간관에 기초하여 백성은 '하늘이 내린 사람(天民)'으로, 군주는 하늘이 내려 보낸 사람(天譴)이라는 천손(天孫)의 대등적 관계로 인식하였다. 따라서 현실적으로 성인과 범인, 상지(上智)와 하우(下愚)의 구별이 있지만 이는 경험적 세계에서 확인된 사람됨이나 능력의 차이이지 불평등을 정당화할 수 없다고 생각했다. 또한 치자와 피치자가 인간적 존엄성에서는 동일하며, 사회적 공존관계로 인식하고 성심을 다해야 한다는 것이다. 세종대왕은 군주와 신하는 사람의 머리와 팔다리와 같은 것으로 일체성과 협조성을 바탕으로 해야 한다는 것이다. 이와 같이 인간사회의 이원화, 차등화를 거부하고 평등한 인간관을 견지함으로써 부족한 사람을 구제하여 공존공영하고, 모든 사람을 하나의 공동체 일원으로 형성하려고 하였다. 이러한 세종대왕의 평등과 조화의 인간관은 리더십의 관계에서 통치자의 수직적 권위에 인본주의를 바탕으로 한 수평적인 협력관계로 나타났다. 즉 군주와 신하는 각각 부여된 역할을 수행하는 것이지 그 역할의 귀천은 없다는 군신관과 지위의 높고 낮음을 뛰어넘어 일체의 편견을 갖지 않고 인재를 등용했다. 이러한 리더십 관계는 신료들로 하여금 자발적이고 헌신적으로 행동하는 리더십의 영향력을 이끌어 낼 수 있었다.

리더십 과정에서 세종대왕은 일을 처리함에 있어서 논리와 합리를 통해 공감과 납득을 이끌어 내는 합리적인 절차와 토론과정을 중시하였다. 세종대왕은 훈민정음이나 세제개혁 등 국가 대사를 처리함에 있어 신료들이나 집현전 학자들의 격렬한 반대에 대해 임금이라는 권도로 이를 평정한 것이 아니라 논리와 합리를 통해 이들의 공감과 납득을 이끌어 내었다. 세종이 즉위해서 맨 처음 한 말이 "의논하자"라고 했을 정도(박현모, 2008: 101)로 토론과 소통을 통해 중지를 모으고, 자신의 생각을 다듬고, 신료들의 생각을 변화시켜 조정과 신료들을 합리적으로 이끌어 나갈 수 있었다(정윤재, 2009: 145－162). 특히 이러한 논의과정에서 가장 중시하는 것은 이치에 맞는가, 즉 합리이다. 예컨대 훈민정음 창제를 논리 정연하게 반대한 최만리에 대해서는 관대함을 보인 반면, 말을 바꾸거나 선비로서의 의심스러운 발언을 한 정창손과 김문에 대해서는 엄정하게 징계하였다. 한편, 한글 창제 등 대의가 분명함에도 불구하고 이를 깊이 알지 못하는 사대부들의 저항이 예상되거나 중국과의 외교문제로 비화될 가능성이 있는 일을 추진함에 있어서는 중의를 배제하고 혼자서 일을 추진하기도 했다(박병련, 2009: 51). 세종대왕은 리더십 과정에서 논리와 합리적인 절차를 거침으로써 상하 간에 솔직하고 분명한 커뮤니케이션을 이루고, 설득력을 강화함으로써 신료들이 일정한 방향으로 생각하고 느끼고 행동하도록 하고, 진정한 행동력을 이끌어 내고, 그들과 더불어 세상의 마음을 공유할 수 있었다. 이와 같이 세종대왕은 리더십 과정

에서 군주로서의 단순한 권력행사의 경직성이 아니라 군자다운 인간
성과 학자적 전문성을 겸비하고 논리와 합리를 통해 당시 사회의 사
대와 숭고의 속유적 가치의 틀을 극복함으로써 변화와 창조를 이끌
어 낼 수 있었다.

리더십의 기술에서는 내면적 완성을 통한 감화와 심복을 추구하였다.
세종대왕은 가르치면서 다스리고, 자신이 먼저 솔선수범하고, 풍부한
학식과 탁월한 통찰력, 지식의 밝음과 행실의 부지런함 등 내면적 완
성을 통해 마음으로부터의 복종(心腹)을 이끌어 낼 수 있었다. 세종대
왕이 적장자가 아니면서도 태종의 신임을 받고 신하들로부터도 왕세
자로 추앙받을 수 있었던 것도 바로 덕과 능력의 겸전이었다. 당시
태종이 세종대왕을 세자로 책봉하는 이유에 대해 정치의 대체를 이
해하고 국정에 대한 합당하고 빼어난 의견을 낼 수 있는 능력이 있으
며, 언어와 동작이 예에 맞고 절제심이 있어 실수를 하지 않는 외교
능력, 왕위 계승자로서의 안정성 등을 지적한 데서 잘 나타나고 있다
(정윤재 외, 2010: 30−31). 이러한 세종대왕의 덕은 철저한 자기절제
와 수범적 실천에 비롯된 것이었다. 사견에 치우치지 않고, 공정성과
신뢰성을 중시하며, 자신이 스스로 원칙을 지키는 바람직한 가치관을
가짐으로써 사람들과의 관계에서 흐트러짐이 없었고, 스스로 신하들
에게 최상의 모범을 보여 주었다. 이를 위해 총체적인 안목을 심화하
고 확장시킬 수 있도록 도덕적 지식을 습득하는 호학(好學)을 생활화
하고, 경학(經學)을 통해 원칙을 세웠다. 이러한 세종대왕의 도덕성,
전문성과 수범성 등은 강한 인간적 매력으로서 각인되어 백성들에게
존경을 받을 수 있었던 것이다.

세종대왕의 리더십 덕목은 리더십의 관계에서는 상하관계가 아니

라 천민과 천견의 대등한 역할의 조화와 협력 관계로 인식하고, 신분을 뛰어넘어 국정의 대소사를 신료들과 격의 없이 논의하고, 신분과 파벌·지역에 관계없이 인재를 두루 등용하는 인간존중과 배려이다. 리더십의 과정에서는 위민에 바탕을 두고 합리적인 절차와 논리적인 설득을 통해 신료들을 납득시키고 사대와 명분의 가치와 사고의 틀을 변화시킴으로써 실효성을 제고시켜 나가는 균형과 포용이다. 리더십 기술에서는 호학과 내면적 완성을 통해 감화와 심복을 이끌어 낸 절제와 수범이라고 할 수 있다.

이러한 세종대왕의 리더십은 천의(天意)의 보편적 원리를 리더십의 윤리적 이상의 당위로 중화사상과 사대주의, 숭고주의를 중시하는 당시 조선사회의 윤리적 실제의 문화적 가치를 합리성과 도덕성, 인간주의로 조화시킴으로써 변화와 창조를 이끌어 낼수 있었다.


## 제2절 충무공 이순신

충무공 이순신(忠武公 李舜臣)은 임진란 당시 해상에서 왜군과 싸워 23전 23승의 전승을 이룩하고 국가와 민족을 지켜 낸 특출한 군사적 리더이자 성웅이었다. 이러한 전승은 국가의 지원도 없는 상태에서 모든 것을 자급자족해 가면서 이룩한 결과이며, 세 번의 파직, 두 번의 백의종군에도 불구하고 오직 위국충정으로 이뤄 낸 위업이다(이서행, 2005: 140). 이러한 이순신의 위대한 업적은 그의 특출한 전략적·전술적 능력도 있었지만 이에 못지않게 뛰어난 윤리문화적 리더십에서 비롯된 것이라 할 수 있다.

그러면 이순신의 리더십에 있어서 윤리문화적 틀은 어떤 것인가? 이순신의 리더십은 기본적으로 유교적 가치관에 바탕을 두고 있다. 유교에서 리더의 수행 방법으로 강조하고 있는 수기치인의 과정을 일상생활을 통해 실천하고 전장에서 리더십으로 발휘하였다. 그는 수기치인의 개념이 '선(先) 수기 후(後) 치인'이라는 순차적인 관계라기보다는 수기와 치인이 함께 이루어지는 유기적인 관계로 인식하였다. 즉 부모에 대한 효성과 임금에 대한 충성은 같은 성격이며, 부모에 대한 효성이 확대되어 이웃 사랑과 어른에 대한 공경으로, 더 나아가 국가에 대한 충성으로 발전한다고 인식했다. 그러나 가정사와 국가적 임무가 상충될 시는 가정보다는 국가의 일에 우선하여 처리하였다. 이러한 충효관은 휘하 장병이나 주민들이 보고 본받았을 뿐만 아니라 이를 통해 더 높은 신뢰감을 주었으며, 장병들에게 심리적 활력을 불어넣는 동기가 되었다(최두환, 2004: 182－188). 이순신의 리더십의 윤리문화적 틀은 나라와 임금에 대한 충성, 부모에 대한 효도, 부하와 백성에 대한 사랑 등 유교의 기본적 도리인 인륜을 생활화함으로써 치인의 도를 실행하는 것이라고 할 수 있다.

이순신 리더십의 특징을 리더십 관계, 과정, 기술 면에서 살펴보면, 리더십의 관계에서는 장수와 부하 간의 관계를 부모와 자식 간의 관계로 인식하여 섬김과 보살핌을 기본으로 하고 있다. 그는 리더가 부모의 역할을, 부하가 자식의 도리를 다할 때에 진정한 리더십이 발휘될 수 있다고 보았다. 그리하여 휘하 장병들은 물론, 그 부모나 가족들에 대해서도 부모의 입장에서 자식처럼 보살폈다. 전투시나 전투준비와 관련된 업무에 대해서는 엄정하고 엄격하였지만 평상시나 비전투 기간에는 자녀를 보살피는 부모처럼 부하에게 자상하게 관심을 갖고 배려했다. 이러한 각별한 애정과 관심은 부하들로 하여금 전장에서 헌신적 행동을 이끌어 낼 수 있었다. 이러한 리더십 관계 인식은 국가와 임금과 관련된 상황에서는 국가와 임금에 대한 충성을 우선하였고 개인보다는 나라와 백성을 더 배려하였다. 뿐만 아니라 전장에서는 부하들로 하여금 필사즉생(必死卽生)의 사생결단을 독려하는 등 엄정한 군율을 강조하기도 하였다. 이와 같이 이순신은 리더십의 관계를 때로는 상명하복의 엄정한 상하관계로, 때로는 효친의 부자관계로 상황과 임무에 맞게 융통성 있게 이끌었다.

리더십의 과정에서는 충국(忠國)과 보민(保民)의 공동체적 목표를 구현하기 위한 철저한 사전준비와 공평무사한 업무처리를 일관성 있게 수행하였다. 이순신은 영내에서 중요한 사안이 생기면 독단적으로 처리하지 않고 장수들을 불러 의논하고 토론하여 최적의 방안을 도출해 내려고 했다. 그는 다른 사람들로부터 듣는 일에 열중하였다. 부하들의 의견을 늘 경청하였고 진을 치는 곳마다 운주루를 설치하여 의사소통의 장으로 활용하였다(최해진, 2007: 212). 부하의 의견을 수렴하고 자신의 의견을 밝혀서 계획의 적실성을 당당하게 밝혔으며, 자신을 따르면 언제나 안전하다는 믿음을 갖도록 하였다. 또한 그는 항상 업무를 처리함에 있어서 공정성을 잃지 않았다. 임금에게 승전보를 올릴 때도 군사들의 전과를 명시하여 수훈이 누락되지 않도록 하였으며, 출전 시는 진용을 바꾸어 공을 세울 기회를 고루 부여하였을 뿐만 아니라 노획물은 골고루 나누어 주기도 하였다. 비판세력의 비방과 모략에 대해서는 직접적인 대응보다 시비곡절을 분명히 성찰하고 이를 내면화하였다. 『난중일기(亂中日記)』에는 자신에 대한 비방이나 상사의 잘못된 행위에 대해 시비곡절을 따져 그 잘잘못을 확실히 적시한 내용들이 기록되어 있다. 하지만 전장에서는 정기병용(正奇倂用)을 신축적으로 운용한 차원 높은 전술을 구사함으로써 전쟁을 승리로 이끌었다(이선호, 2001: 17 - 18). 여러 전장에서 수적으로 열세인 상황에서도 정(正)과 기(奇)를 결합한 전략과 전술로 연전연승한 전례가 많이 있다. 이순신의 리더십 과정은 철저한 사전준비와 의견수렴을 통해 어떤 명령, 지시도 남이 따를 수 있도록 권한 행사의 적실성을 확보하고서 이행하는 공평무사한 업무처리 과정이었다.

리더십의 기술적 측면에서는 능력과 도덕성을 겸비하고 인간적인 매력으로 부하들의 마음을 사로잡는 감화이다. 이순신은 전장에서는 선견지명 있는 상황판단과 철저한 준비와 정기병합의 전술로 전쟁을 승리로 이끄는 뛰어난 능력을 갖추고 있었다. 아울러 겸손과 헌신과 겸양의 미덕을 가졌고, 높은 도덕적 행동기준을 가지고 항상 솔선수범하여 올바르게 일을 처리하였다. 그는 불굴의 의지와 성실함과 청렴결백한 성품의 소유자였다. 군기와 군율의 문란과 관리들의 적폐 속에서도 정직하고 근면하여 사소한 규정을 철칙으로 준수하려 했으며, 어떤 사람의 청탁도 받지 않았다. 이러한 인간적 매력에 감명을 받은 명나라 도독 진린(陳璘)과 그 부하들이 노량해전 직전부터 조명연합작전까지 이순신의 지휘를 받는 등 명나라 장병으로부터 깊은 존경을 받았다. 이순신에 대한 백성들과 병사들의 신뢰는 거의 신앙에 가까울 정도였으며, 그의 인격에 감화되어 모여든 승병과 의병으로 구성된 부대가 존재하기도 했다. 이순신의 리더십 기술은 능력과 원칙, 도덕성에 의한 인격적 감화와 심복이라고 할 수 있다.

이순신의 리더십 덕목은 리더십의 관계에서는 충효를 바탕으로 한 보살핌과 섬김을 통해 권위와 배려를 융통성 있게 구사하여 군율과 사기를 진작시켰고, 리더십 과정에서는 충국과 보민의 공동체적 가치의 구현을 위해 공평무사한 일 처리를 통해 리더십의 적실성을 제고시켰으며, 리더십 기술에서는 능력과 도덕성을 겸비한 인간적인 매력으로 부하와 장수, 그리고 백성들을 감화시킨 것이라고 할 수 있다.

이러한 이순신의 리더십은 전장상황이라는 특수상황하에서 충국과 보민이라는 공동체적 가치를 능력과 도덕성, 그리고 이를 융통성 있게 구사한 인간미를 통해 전승을 이끌어 냄으로써 풍전등화의 위기에 처한 국가와 민족을 구할 수 있었다.


## 제3절 백범 김구

백범 김구(白凡 金九)는 한국의 근대사의 중심에서 민족의 독립과 단결을 이끌어 낸 뛰어난 애국자적 리더라고 할 수 있다. 백범은 젊은 시절에는 동학 접주와 의병활동에 참가하였고, 대한민국임시정부를 이끌었으며, 이봉창과 윤봉길 의사의 의거 등을 주도하였고 한국독립당 규합, 광복군 창설 등 독립운동을 이끌었다. 해방 후에는 민족분단의 위기를 극복하기 위해 반탁운동과 남북협상을 시도하고, 한국국민당 지도자로서 민족주의 진영의 통일을 이끌어 내는 등 대일항쟁과 민족독립 과정에서 뛰어난 리더십을 발휘하였다.

김구의 리더십에 있어서 윤리문화적 틀은 어떤 것인가? 김구 리더십은 전통적 가치관과 유교적 가치관에 바탕을 두고 있다. 그는 청년시절 동학과 의병에 참가하여 활동하면서 홍익인간과 동학사상 등 전통사상을 접하였고, 당대의 유학자 고능선(高能善)을 통해 불교, 유교,

기독교 등 전반적인 학문의 기초를 습득하였다. 그는 독립운동이나 민족적 지도자로 활동하는 과정에서 인의예지신(仁義禮智信)의 유교적 가치관을 하나의 생활철학으로 일관되게 실천하였다(이호연, 2005: 68, 85). 그는 임시정부 수립, 민족의 독립과 통일, 국가의 지속적인 발전이라는 대의(大義)를 지향하고 초지일관의 자세를 유지하였다. 백범 리더십의 윤리문화적 틀은 독립운동이나 민족통일의 대의를 바탕으로 한 정과 의리, 봉사와 희생, 그리고 헌신이라고 할 수 있다.

백범 리더십의 특징을 리더십 관계, 과정, 기술 면에서 살펴보면,

리더십의 관계에서는 인간주의를 지향하고 있다. 그는 리더십의 관계를 권위적이 아니라 공존공생의 인간관계로 인식하였다. 임정시절 일정한 지위에 있을 때나 일반인으로 있을 때나 항상 부하들의 고통과 어려움을 이해하고 위로해 주는 따뜻한 인간애를 통해 원만한 인간관계를 유지하였다. 그는 인간에 대한 본질적인 권리를 존중하고 신분 고하를 막론하고 모든 사람들을 평등하게 대하였다. 신분과 재산 등 상대가 처한 위치와 상관없이 누구에게나 신의를 저버리지 않고 지나친 권위주의나 형식주의, 서열의식, 비하의식을 극복하려는 휴머니즘을 견지했다. '백정범부(白丁凡夫)'라는 말에서 자신을 스스로 낮추는 면모를 여실히 보여 주고 있다. 이러한 인간중심적인 태도는 윤봉길 의사나 이봉창 의사로 하여금 사지로 나아가 자신을 희생시키는 행동을 할 수 있게 했던 것이다. 또한 누구에게든 신의를 저버리지 않으려는 정과 의리를 중시하였다. 임정과 독립운동 관련 가족들을 '대가족'이라는 이름하에 늘 가족처럼 돌보았다. 안중근 의사의 부인을 모셔 오기 위해 직접 홍콩까지 출장을 가기도 하였으며, 이봉창·윤봉길 의사가 의거 후 그의 가족들 생계와 안전에 심혈을 기

울이는 등 의리와 정으로 일관했다. 김구의 리더십 관계는 다양한 처지와 수준에 따라 정과 의리로 개별적인 인간관계를 맺고, 이들을 배려하고, 이끌어 줌으로써 개인적인 이념과 사상과 수준이 다른 사람들을 하나로 단결시킬 수 있었다.

리더십의 과정은 민족독립과 해방이라는 대의를 지향하고 합리와 설득을 통한 공감과 납득으로 이를 강력히 실천하였다. 동지들의 의견을 종합 평가하는 것이 가장 합리적인 방책이라고 인식하고 모든 동지들의 의견을 수렴하여 가장 합리적인 방법을 선택하여 이를 실천하려고 하였다. 그는 대의에 어긋나는 부정적인 집단의식을 경계하고 초지일관 대의에 의거하여 사람들의 행동을 이끌었다. 높은 지위에 있거나 낮은 지위에 있거나 한 치의 흐트러짐이 없이 조국 광복을 위한 일념을 가졌으며, 광복 이후에도 남북통일을 위한 대의에만 집중하고 실천하였다. 그는 항상 공동체 의식에 바탕을 두고 이기주의적이거나 나 중심의 가치관이 아니라 나의 가족, 사회, 국가, 민족을 '우리'라는 한 울타리 속에 넣고서 행동했다. 더 나아가 홍익인간적 차원에서 인류애의 지향이라는 원대한 비전을 제시하였다. 한국이 당시는 비록 식민지 상황에서 조선독립을 위한 격렬한 저항을 주도하고 있지만 한국이라는 국수적 차원에 국한하지 않고 원대한 보편적인 문화를 지향하였다(백범일지, 1947: 395－396). 또한 집단의 생존력을 강화하는 데 있어서 도덕과 윤리가 대단히 필수적인 방도임을 분명히 인식하였다(문용린 외, 2005: 89－97). 그리하여 조직 내부의 규율과 동시에 도덕적 풍토를 중시하여 대외적으로 나타나는 집단 전체의 도덕성을 강조하였다. 김구의 리더십의 과정은 사리사욕이나 권력에 탐착하지 않고 조국독립과 민족통일이라는 큰 가치의 구현을 평생의 지표로 삼고 이를 공감, 납득시키기 위한 합리와 설득의 과정이라고 할 수 있다.

리더십의 기술적 측면에서는 인격을 통한 감화력에 바탕을 두고 있다. 성실성과 포용력, 정의감, 조국의 광복을 향한 신념과 불굴의 의지는 주위 사람들에게 감동과 신뢰감을 주고 감화시킴으로써 멸사보국의 희생과 봉사의 심복을 이끌어 낼 수 있었다. 윤봉길 의사는 백범의 자상하고 단호한 의지에 크게 감동받고 자신을 사지에 보내는 백범에게 절대적인 신뢰감을 갖게 되어 의거를 감행하게 되었다고 진술하고 있다. 또한 주위의 모호한 평가에도 불구하고 이봉창 의사의 사람됨과 남다름에 주목하여 전폭적인 신뢰를 보냈던 것이 그로 하여금 살신보국의 행동을 실천하게 한 것이다(도진순, 2008: 230). 일제 식민통치 아래에서 윤봉길 의사나 이봉창 의사가 조국의 독립을 위해 자신의 생명의 위협을 무릅쓰고 의거나 항쟁에 용감하게 나서게 한 행동의 동인은 김구의 반듯하고, 정직하고, 사심이 없고, 진정으로 대의를 위할 줄 아는 리더십이 있었기에 가능한 것이었다. 그는 항상 솔선수범하고, 겸손하고, 정직, 소박하고, 모든 사람을 사랑하고, 존경하고, 봉사정신과 자기 희생정신을 가진 인물로서 신의를 중시하는 인간주의적 성품의 소유자였다. 이러한 김구의 인품은 "내·외국인에게 추앙을 받을 만한 자격이 있으며 우리의 주권될 인격을 구비한 지도자"라고 칭송한 이승만의 글에서도 잘 나타나고 있다(독립기념관 한국독립운동사연구소편, 1946: 12). 김구의 리더십의 기술은 그의 성실한 태도가 사람들로 하여금 인간적인 신뢰를 가져다주고 고무 감동시킴으로써 애국적인 거사에 목숨을 바쳐 동참하게 한 인격적 감화이다.

김구의 리더십 덕목은 리더십 관계에서는 공존공생의 봉사와 헌신을 바탕으로 동지와 민족을 단결시킨 의리와 인정이며, 리더십 과정에서는 민족 해방과 독립의 대의를 위해 합리와 설득을 통해 애국지사들의 다양한 신념과 가치관을 결집 및 통합시킨 공정과 포용이며, 리더십 기술에서는 성실하고 겸손하며, 청렴결백 등 내적 수양을 통해 마음 좋은 사람이 되어 동지들을 이끈 인격적 감화라고 할 수 있다.

이러한 김구의 리더십은 조국해방과 민족통일의 대의와 헌신을 바탕으로 인간존중, 조화와 열린 마음, 정과 의리로서 투쟁과 결사의 인적유대를 형성함으로써 통합과 민족의 단결을 이끌어 낼 수 있었다.

앞에서 살펴본 바와 같이 세종대왕이나 충무공 이순신, 백범 김구의 리더십은 공통적으로 한국의 리더십의 주요 덕목인 인간존중과 배려, 공정과 포용, 수범과 절제 등을 통해 사대와 숭고사상, 혼란과 무질서, 대립과 갈등을 극복하고 리더십의 진정한 영향력을 발휘함으로써 변화와 창조, 연전연승, 민족적 통합과 단결의 리더십 윤리문화를 성공적으로 이끌어 내었음을 알 수 있다.

오늘날 한국 사회에서 세종대왕의 리더십 과정, 충무공 이순신의 리더십 기술, 백범 김구의 리더십 관계를 융합한 하나의 리더십 모형을 구현한다면 현재 한국의 리더십 윤리문화에서 제기되고 있는 리더십의 적실성 한계나 윤리적 곤궁의 문제를 해결하는 데 있어 바람직한 대안이 될 수 있지 않을까 생각한다.

# ■■■ 제6장　윤리문화적 리더십 개발

오늘날 우리 사회에서 리더십은 현대사회를 살아감에 있어서 공통적으로 요구되는 필수요건이다. 현대사회에서 리더십은 정치가나 경영자뿐만 아니라 기술자나 예술가, 직장이나 가정 등 어떤 영역이나 어떤 역할이나 조직의 대소를 막론하고 일의 성패와 직결되는 중요한 관건이 되고 있다. 그럼에도 불구하고 대부분의 사람들은 아직도 자신의 리더십 개발을 위한 체계적이고 진지한 노력을 하지 않고 있다. 리더십은 리더가 되면 그때 가서 준비해도 충분하다고 생각하거나 리더의 위치에 있으면 자연스럽게 발휘되는 능력이라고 생각한다. 이러한 경향은 많은 사람들이 리더십의 개념을 제대로 이해하지 못했거나 리더십을 개발하는 방법에 대한 인식이 미흡한 데서 비롯된 결과라고 할 수 있다.

오늘날 우리 사회에는 리더로서 필요한 소양을 제대로 갖추지 않고 리더 자리에 오른 사람이 많다. 리더가 맡은 역할이나 책임에 대한 깊은 성찰도 없이 리더 역할을 수행함으로써 개인적으로나 사회적으로 많은 갈등과 폐해가 야기되고 있다. 어떤 직책이나 역할을 맡는다고 해서 리더가 되는 것이 아니다. 특히 윤리문화적 리더십은 리더십의 실체에 대한 올바른 이해가 있어야 하고 자기 삶의 과정 속에서 지속적이고 체계적인 개발 노력을 기울여야만 습득될 수 있는 리더십이다.

이 장에서는 윤리문화적 리더십의 개발에 대한 기본 개념을 이해하고 리더십을 내적 리더십과 외적 리더십으로 구분하여 이를 개발하기 위한 바람직한 방향을 제시하고자 한다.

## 제1절 기본 개념

윤리문화적 리더십은 인간의 공동체적 삶의 원리를 바탕으로 윤리적 이상의 당위와 실제의 문화적 가치를 균형적으로 조화시키고 윤리적으로 실천함으로써 구성원의 진정한 행동을 이끌어 내는 리더십이다. 윤리문화적 리더십은 리더의 인격과 능력이 조화된 속에서 발휘되는 내적·외적 리더십의 총체적인 영향력이다. 즉 내적 리더십은 올바른 가치관과 태도 등에 대한 성찰, 적극적이며 창조적인 사고의 전환, 일상습관의 개선 및 자기관리 등 관행이나 습관이며, 외적 리더십은 업무능력이나 기술을 비롯하여 대인관계기술, 대화기술, 의사결정능력, 인간의 행동 이해 등과 같은 역량이다. 내적으로 리더로서의 품성이나 인격이 완성되고 외적으로 업무수행 능력 등의 역량이 구비되었을 때 구성원에게 감화와 공감을 줄 수 있으며 자발적이고 헌신적인 행동을 이끌어 낼 수 있는 것이다. 따라서 리더로서 내적인 인격의 완성과 외적인 능력의 겸전(兼全)은 윤리문화적 리더십 개발의 중요한 전제조건이다.

윤리문화적 리더십의 개발을 위해서는 우선 리더십 개발에 대한 올바른 인식을 필요로 한다. W. Bennis는 현대 리더십에 대한 올바른 인식에 대해 다음과 같이 강조하고 있다. 즉 현대사회에서 리더십은 모든 계층, 모든 단위의 조직에 필요한 능력으로서 리더는 태어나는 것이 아니라 만들어지는 것이다. 누구나 잠재적인 리더십 능력을 갖고 있으며 이러한 능력은 누구나 배울 수 있다. 성공적인 리더는 선천적인 자질보다는 후천적으로 양육된 자질이 중요하다. 리더는 지시나 통제하는 것이 아니라 스스로 주도권과 경험을 이용할 수 있어야 한다. 미래사회는 누구나 리더가 될 수 있으며 리더십에 대한 경험과 지식을 갖고 있어야 한다는 것이다(W. Bennis, 김원석 옮김, 2005: 268－274). 이러한 Bennis의 리더십에 대한 인식은 윤리문화적 리더십의 개발에서 많은 시사를 주고 있다.

윤리문화 리더십 개발을 위해서는 반드시 다음 사항을 전제해야 한다. 즉 나는 리더가 될 잠재력이 있으며 내가 훌륭한 리더가 되느냐는 나 자신의 노력에 달려 있다. 리더십은 어떤 직위나 직책을 맡는다고 해서 자연히 습득되는 것이 아니라 일상생활에서 지속적인 자기훈련을 통해 개발된다. 어깨너머식 학습으로 진정한 리더십을 배울 수 없다. 계획적이고 지속적이고 체계적인 노력과 훈련이 필요하다. 리더십은 개인의 품성, 인격, 인성 등과 포괄적으로 개발되어야 한다. 획일적인 원리나 방법의 적용이 아니라 자신의 특성에 맞는 실천모델을 찾아야 한다. 리더십은 자신이 어떤 사람이 되겠다는 생애 목표와 부합하도록 리더의 상을 정립하고 이를 위한 구체적인 개발 계획을 만들어 꾸준히 실천해야 한다(김광수 외, 2003: 134－137).

윤리문화적 리더십의 개발에 있어 내적 리더십이 외적 리더십에 우선하여야 한다. W. Bennis는 리더십은 타인을 다스리는 공적인 리더십(public leadership) 혹은 사회적 리더십(social leadership)과 자신을 다스리는 사적 리더십(private leadership)으로 구분하고 리더는 공적인 리더십을 개발하기 이전에 먼저 사적 리더십을 개발해야 한다고 강조한다. (임동기, 2007: 54-55). 즉 모든 리더는 먼저 자신을 다스리는 '자기 안에 있는 지도자'가 있음을 인식하고 이를 개발하기 위해 자신의 태도를 바꾸고, 지식을 확보하고, 끊임없이 훈련하고, 탁월한 기술을 익혀야 한다는 것이다. 일찍이 동양의 리더십론의 원형을 제시한 유교사상에서도 내적인 성실의 현실적 표출을 강조한 내성외왕(內聖外王)이나 선 수기 후 치인(先修己後治人)을 강조하였다. 이는 내적 리더십이 뒷받침되어야만 외적 리더십이 진정한 영향력을 발휘하기 때문이다. 그럼에도 불구하고 오늘날 리더십의 실제에서는 이러한 선차적인 과정을 간과한 채 리더의 기술이나 기법만을 중시하거나 리더로서의 인격보다는 직책이나 직위를 우선 추구하려는 경향이 지배적이다.

윤리문화적 리더십은 단기간의 교육으로 체득되는 것이 아니라 삶의 전 과정을 통해 끊임없는 자기계발의 과정을 통해 습득되는 것이다. 아이젠하워는 "훌륭한 리더로 성장하기 위해서는 삶의 전 과정을 통해 리더로서의 필요한 인격과 가치관, 솔선수범의 처신, 성실하고 창의적으로 대처하는 능력을 익혀야 한다"라고 강조하였다. 일반적으로 훌륭한 리더는 자기계발에 몰두하고 자신의 자질향상을 위한 노력을 중시한 사람들이다(신유근, 2006: 140-143). 윤리문화적 리더십은 끊임없는 사색과 반성을 통해 올바른 지식을 습득하고 이를 실천하는 행동을 통해 체득될 수 있다. 이러한 과정을 통해 자기완성과 업무수행 능력이 조화롭게 발휘되어 진정한 영향력을 이끌어 낼 수 있는 것이다.

윤리문화적 리더십의 개발은 나의 일상생활에서부터 출발해야 한다. 가정이나 학교, 직장생활에서 또는 각종 모임이나 활동 등 모든 일상사를 리더십을 개발하는 하나의 소재와 기회로 생각하고 이를 적극 활용해야 한다. 지금 나의 생활 속에서 나에게 주어지는 많은 활동과 기회를 어떻게 효과적으로 활용할 것인가에 대한 근본적인 성찰과 실천의지를 갖는 것이 필요하다. 삶의 모든 과정이 리더십의 자기계발과정이라고 생각하고 매사를 리더십의 윤리문화적 틀에 따라 사고하고, 판단하고, 행동하는 끊임없는 리더십 개발 노력이 지속되어야 한다.

윤리문화적 리더십의 개발은 훌륭한 리더로서 전체적으로 삶을 계획하고 미래의 모습과 생애에 대한 구체적인 방향을 설정하는 것이 대단히 중요하다. 리더십에 관한 적절한 지식이나 전승된 문화나 다른 사람의 행동에 대한 관찰을 통해서 리더십의 좋은 사례와 자신의 리더십 모델을 부단히 탐색해야 한다. 그리하여 훌륭한 리더로서의 원대한 인생의 목표와 이를 구현하는 역할모델을 설정하고, 일상생활 속의 다양한 기회와 경험을 통해 자신을 자극하고, 생각을 변화시키며, 적극적으로 체험하고 공동체와 지역사회에 대한 애정과 관심, 헌신과 봉사의 실천 의지를 추구해 나가야 한다.

윤리문화적 리더십의 개발은 삶의 전 과정에 걸쳐 훌륭한 리더로서의 품성과 능력을 구비하는 하나의 평생교육 관점에서, 그리고 완성이 아니라 끊임없이 개선시키고 보완해 나가야 하는 자기계발적 차원에서 접근해야 한다.

## 제2절 내적 리더십 개발

내적 리더십은 조직의 목표나 활동을 올바른 방향으로 달성하게 하는 리더십의 영향력이다. 이는 인간과 세상에 대한 올바른 인식과 태도, 가치관을 가진 리더로부터 나오는 리더십의 진정한 영향력이다. 이러한 영향력은 내적 리더십이 충전됨으로써 리더의 태도와 행동, 가치관이 조직 구성원에게 원만한 상호작용을 일으켜 이들을 감화시킴으로써 발휘되는 리더의 영향력이다. 이러한 힘은 리더십의 윤리적 당위와 실제의 문화적 가치를 균형적으로 조화시키고 이를 윤리적으로 실천하는 리더의 자기관련 덕목에서 나오는 인격적 감화력이라고 할 수 있다.

내적 리더십은 리더십의 실제에서 비윤리적이고 불법적인 관행의 유혹을 떨쳐 버리고 선을 선답게 올바름을 올바름답게 이끌어 나가는 리더의 도덕지능과 도덕능력이다. S. H. Baum이 강조한 바와 같이 올바른 가치관, 옳고 그름에 대한 분명한 분별력, 타인과의 관계에서 올바르게 행동하고 사람들을 공평하게 대하는 법, 높은 가치를 지키고 올바른 행위를 한다는 긍지심, 옳고 그름의 선택상황에서 자신의 내면을 들여다보고 그 동기와 감정을 확인하고, 그리하여 남이 지켜보지 않아도 올바로 행동하는 정직성에 대해 충분히 이해하는 '윤리적 하드웨어'(S. H. Baum, 신현승 옮김, 2009: 115-123)와 같은 맥락이다.

내적 리더십은 항상 조심하고 마음을 제대로 다잡아 나가는 호연지기라고 할 수 있다. 호연지기(浩然之氣)는 인간의 순수하고 착한 본성을 길러 나가는 최적의 상태로서 의를 쌓고, 욕망을 절제하며, 자신의 명예를 지켜 나감으로써 습득되는 기운이다. 리더가 이러한 호연지기를 갖추고 있을 때 구성원들은 리더에 대한 인간적인 존경심을 불러일으키게 되고, 어려운 상황에서도 문제를 해결하는 힘의 원리가 되며, 자신에게 부여된 책임 이상의 역할을 하고, 보수나 보상에 연연하지 않고 일에 참여하는 일 그 자체에 자부심을 느끼게 된다. 그리하여 리더십의 내적·외적 요소, 주체와 객체를 균형적으로 조화시킴으로써 구성원이 자기실현은 물론 공동목표의 구현에 자발적, 헌신적, 지속적인 행동력을 이끌어 내고 그 영향력을 배가시킬 수 있는 것이다.

내적 리더십의 개발은 자기 수양에서 시작하여 환경을 관리하고 조직을 관리하는 단계를 거쳐서 인간통솔의 단계로 발전하면서 이루어진다. 이러한 리더십 개발과정은 리더의 내면적 충전이며, 인격의 완성이며, 완전한 인간이 되어 가는 과정이다. 또한 인생의 전 과정에 걸쳐 지속적이고 단계적으로 실천궁행하는 자기수양의 과정이자 자기경영의 과정이기도 하다. 따라서 내적 리더십의 개발은 나에 대한 인식에서 출발해야 한다. 자신을 이해하고 보살피고 다스림으로써 스스로 신뢰를 갖는 것에서부터 시작해야 한다. 자신은 누구인지, 왜 사는지, 무슨 일을 해야 하는지, 어떻게 살아야 하는지에 대한 자아정체감을 확립해야 한다.

내적 리더십의 개발은 자신의 변화와 성장을 위해 추구하는 셀프리더십의 개발이라고 할 수 있다. 셀프리더십은 자기관찰을 통한 자기 정체감을 확립하고 자기관리를 하는 것이다. 스스로 목표를 설정하고 목표를 달성하기 위해 행동을 선택하고 실천하는 내적인 힘(자기동기화)과 자신의 능력과 효율성에 대한 자신감을 의미하며, 주어진 과제를 수행하는 데 필요한 판단과 능력(자기효능감)을 가져야 한다. 그리고 자신을 바람직하고 일정한 방향으로 통제 관리(자기관리)

할 수 있어야 한다. 그리하여 조건이나 환경에 순응하거나 적응해 버리는 것이 아니라 자신이 원하는 방향으로 환경이나 조건을 만들어 나가는 적극적이고 창의적인 태도를 체득하는 것이다(김광수 외, 2008: 130－131).

내적 리더십의 개발은 자신의 약점을 인정하고 그 약점을 강점으로 지속적으로 변화시키는 노력이 필요하다. 훌륭한 리더는 내적 리더십이 완성된 완벽한 사람을 의미하는 것은 아니다. 나도 리더가 될 수 있다는 신념과 내 안에 리더십의 잠재력을 가지고 있다는 확신, 그리고 리더로서 자신의 미래 삶에 대한 건전한 비전을 갖고 이를 꾸준히 실천해 나가는 올바른 실행자가 되는 것이다. 이를 위해 내적 리더십의 중요성을 인식하고, 자신의 인성에 대한 잘잘못을 성찰하며, 자신의 경험이나 리더의 경험을 통해 리더로서의 바람직한 인성을 찾아내고, 바람직한 인성과 습관을 습득하는 것이다. 그리하여 일상생활에서 리더십의 윤리문화적 틀을 세우고 그 틀에 따라 한 점 흐트러짐이 없이 행동으로 실천할 때 점진적으로 터득할 수 있는 것이다.

내적 리더십의 개발은 사회에 대한 올바른 인식과 바람직한 행동 유형을 설정하고 자신을 도덕적 질서에 맞게 이끌어 가는 것이다. 훌륭한 리더는 리더이기에 앞서 올바른 사회인이 되어야 한다. 자신의 태도와 행동을 자신은 물론 공동체가 바람직한 방향으로 성장 발전하는 데 필요한 역할과 자질을 개발해야 한다. 이를 위해 일상생활 속에서 자신의 사회적 역할을 올바르게 설정하고 윤리문화적 틀에 맞게 자신을 이끌어 가는 것이다. 이는 마치 양명학(陽明學)에서 강조하는 일상의 구체적인 행위를 통해 심성을 수련하는 사상마련(事上磨鍊)의 심성수양도 같다. 이러한 노력은 일시적이 아니라 일생을 통해 이루어져야 하는 평생학습으로, 그리고 생활학습으로 실천되어야 한다.

훌륭한 리더는 자기 안에 잠재한 능력, 즉 내적 리더십을 어떻게 개발하느냐에 따라 달라진다. 모든 사람이 내적 리더십을 갖고 있지만 내적 리더십의 정도와 수준은 그 사람의 타고난 유전자나 의도적 개발에 따라 분명한 차이가 있다. 사람은 누구나 내적 리더십의 개발을 통해 현재의 리더십 수준을 획기적으로 개선할 수 있다. 모든 사람이 모두 훌륭한 리더가 될 수는 없지만 내적 리더십의 개발을 통해 현재보다 훨씬 나아질 수 있다. 따라서 훌륭한 리더가 되기 위해서는 리더로서의 자아상을 확립하고 매사 적극적이고 주도적인 태도를 갖고, 효과적으로 자기를 관리하는 방법과 기술을 습득하고, 자아 정체감을 확립하고, 올바른 인품을 구비해 나가야 한다.

내적 리더십은 기술적 역량 등 외적 리더십과 달리 확인과 측정이 어렵고 정량화되지 않는다. 이로 인해 대부분의 사람들은 내적 리더십에 대한 중요성을 인식하지 못하거나 개발을 위한 노력을 게을리하기 쉽다. 하지만 사람의 인품은 감출 수 없으며 리더의 인품이란 언젠가는 구성원이나 주변 사람에게 드러나게 마련이다. 오늘날 우리 사회에서 훌륭한 리더로서 실패하는 것은 능력이 아니라 바로 내적 리더십의 부족이나 결여에서 비롯된 결과이다. 특히 내적 리더십은 한 번이라도 신뢰를 상실하게 되면 이를 완전히 회복하는 것은 대단히 어려운 일이다. 훌륭한 리더가 되기 위해서는 먼저 내적 리더십을 구비하는 것도 필요하지만 어떠한 상황하에서도 내적 리더십에 대한 신뢰를 상실하지 않도록 자기관리를 철저히 하는 것이 중요하다.

# 제3절 외적 리더십 개발

외적 리더십은 부여된 임무나 역할을 수행하는 데 필요한 지식이나 기술 등 리더의 능력과 역량에 따른 영향력이다. 즉 내적 리더십을 바탕으로 임무나 역할, 상황, 그리고 문화 등 제 요소를 활용하여 문제를 해결하거나 과업을 수행하는 역량과 능력이 구성원의 행동에 미치는 영향력이다. 통상적으로 리더십이라고 하면 외적 리더십을 지칭한다. 따라서 외적 리더십은 모든 업무를 원활하게 수행할 수 있도록 다방면적인 능력을 구비하는 것도 필요하지만 리더가 처한 상황이나 수행해야 할 임무와 직책 등에 따라 필요한 추가적인 지식이나 기술을 적시 적절하게 습득하는 것이 무엇보다도 중요하다.

이러한 외적 리더십에 대해 Katz는 전문적 기술, 대인관계 기술, 개념적 기술을 제시하고 있다. 그에 의하면 대인관계 기술(human skill)은 사람들과 더불어 일하는 데 요구되는 인간관계에 관한 지식과 능력이며, 전문적 기술(technical skill)은 어떤 구체적인 작업이나 활동에 관한 지식이나 능숙성이며, 개념적 기술(conceptual skill)은 아이디어나 개념 설정 및 표현과 관련된 능력을 의미한다(김남현·P. G. Northouse, 2006: 48-53). 여기서 대인관계 기술은 리더십 관계에, 전문적 기술은 리더십 과정에, 개념적 기술은 리더십 기술과 각각 관련성을 갖고 있다.

리더십의 관계에서는 집단 성원들이 공동목표를 위해 하나의 집단으로서 협력적으로 일하도록 하는 데 도움이 되는 대인관계기술로서 원만한 대인관계와 의사소통 능력이 요구된다. 리더십 과정에서는 특정한 전문능력과 분석능력, 적절한 도구 및 기법을 활용할 수 있는 전문성으로서 가치판단과 의사결정 능력이 요구된다. 리더십 기술에서는 아이디어 생산과 창조적인 문제해결, 조직의 목표를 설득력 있게 표현하여 행동을 이끌어 내는 개념적 기술로서 인간 행동의 이해와 동기부여 능력이 요구되고 있다. 이를 보다 구체적으로 살펴보면,

첫째, 리더십 관계에 있어서는 인간관계 기술과 의사소통 능력이다.

인간관계 기술은 리더와 구성원이 상호 신뢰와 존중의 관계를 유지하는 기술이다. 원만한 인간관계를 형성하기 위해서는 우선 자기가 가진 시간과 마음을 상대방과 더불어 나누는 것이며, 상대방의 마음을 잘 이해하고 그 이해한 바를 표현해 주며, 자신의 마음을 여는 구체적인 행동이 필요하다. 원만하고 깊이 있는 관계를 유지하기 위해서 나와 상대방을 존중하고 배려해야 한다. 이러한 인간관계를 통해 리더십 관계상에서 야기될 수 있는 개인적인 편견을 극복할 수 있고, 자발적인 참여와 헌신을 이끌어 낼 수 있으며, 구성원의 잠재역량을 극대화할 수 있다.

의사소통능력은 커뮤니케이션(communication) 능력이다. 이는 리더가 상대방의 말을 경청하고, 공감적으로 이해하며, 자기를 효과적으로 표현하는 기술이다. 커뮤니케이션은 리더십을 표현하는 방법이자 진정한 리더십을 정립하는 수단이다. J. Dewyer에 의하면 커뮤니케이션을 통해 서로의 의사를 소통할 수 있고, 자기 자신의 이익을 포기할 수도 있으며, 자신의 신조를 바꿀 수도 있고, 인간 상호 간의 대립관계 내지는 적대관계의 해소도 가능하다는 것이다(김영철, 2002: 217). 따라서 리더 자신이 스스로 구성원을 믿고, 지속적으로 대화하고, 애정을 갖고 서로를 비판할 수 있어야 한다. 또한 조직의 비전이 일방적이 아니라 쌍방향 커뮤니케이션 과정을 거쳐 설정되고, 조직 구성원의 신뢰감에 기초하여 한 방향으로 공감대가 형성 될 수 있어

야 한다. 리더는 원만한 인간관계와 의사소통을 통한 공유와 공감을 이끌어 낼 수 있어야 한다.

오늘날 현대 리더십은 새로운 아이디어를 창출하고 고도의 종합적인 판단을 요구하고 있다. 리더 한 사람의 비전을 실현하는 리더십보다 조직 구성원 전체의 합의에 의하여 설정된 비전을 실현하는 리더십이 되어야 한다. 따라서 리더는 구성원과 조화로운 인간관계를 유지하고 상향, 하향, 수평적인 커뮤니케이션을 통해 원활한 의사소통을 이룰 수 있는 능력과 역량을 개발해야 한다.

둘째, 리더십 과정에 있어서는 사리에 맞는 판단과 의사결정 능력이다.

리더의 사리에 맞는 판단은 행동이나 문제에 당면하여 올바른 원리나 믿음, 신념에 따라 행동을 규정하는 것이다. 이는 단순히 문제해결 방법에 대한 판단뿐만 아니라 조직이나 공동체가 지향해야 할 윤리문화적 표준을 구성원과 함께 만들어 내고 이에 대한 강조, 실천, 강화 등을 포괄하는 의미이다. 리더는 모든 면에서 윤리문화적 표준을 올바로 판단하고 개인적인 실천을 통해 구체화해야 한다. 자신의 삶에서 윤리문화적 표준을 실현하고 다른 사람들이 함께 할수 있도록 확신시킬수 있어야 한다. 리더는 지금까지 당연시되어 온 관례나 관습이라도 윤리문화적 틀에 의해 근본적으로 성찰하고 행동해야 한다. 리더는 사람들에게 윤리적 당위를 제시하고, 구현하며, 구성원이 실천하도록 이를 솔선수범해 나가야 한다.

의사결정 능력은 리더가 다양한 시각과 경험을 바탕으로 사회 문제를 인식하고 올바로 결정하는 능력이다. 리더는 개인의 욕구, 공동체적 가치와 구성원들의 공감대를 바탕으로 의사를 결정해야 한다. 의사결정 과정에서 리더는 자신의 의견만을 주장하는 것이 아니라 많은 사람들의 의견을 경청하고 이를 수용하여 올바른 결론을 도출할 수 있도록 해야 한다. 이러한 과정에서 양적인 다수결의 원리보다 질적인 합의과정을 중요시해야 한다. 대중영합이나 기성지식에 의존하지 않고 문제를 새로운 각도에서 파악함으로써 해답을 이끌어 내는 사고방식과 수평적 사고를 견지해야 한다. 아울러 결정된 사항을 시행하는 과정에서도 구성원 간 갈등을 해소할 수 있도록 리더십을 발휘해야 한다.

오늘날 현대 리더십에 있어서는 질보다는 양이, 구성원들의 공의보다는 상사의 결정이, 정당성보다는 효율성이, 장기적인 안목보다는 일시적인 충족이나 전시효과에 의해 의사결정이 되는 경우가 많다. 따라서 리더십 과정에서 리더는 강요나 작위적인 유도가 아니라 윤리문화적 틀에 의거하고, 합리와 설득을 통해 이루어져야 하며, 대의에 입각한 확신에 찬 용기와 결단이 요구된다.

셋째, 리더십 기술에 있어서는 인간의 행동 이해와 동기부여 능력이다.

리더십은 구성원이 자기실현과 공동의 목표를 구현하기 위해 자발적, 헌신적 행동을 이끌어 낼수 있어야 한다. W. Bennis는 "리더십의 기본은 다른 사람들의 아이디어 방식, 즉 사고의 틀을 변화시키는 리더의 능력"이라고 했다. 리더십은 다른 사람의 의식을 변화시키고 동기를 부여하여 함께 지향하는 행동을 이끌어 낼 수 있어야 한다. 이를 위해 리더는 인간의 행동을 이해하고 동기를 부여하는 기술을 개발해야 한다.

동기이론에서는 이러한 인간 행동의 동기를 어떠한 것을 바라는 심리적 욕구라고 보고 있다. 이 이론에 의하면 인간의 행동은 외적인 강화나 목표보다 사회 전체와 개인의 내부영역으로 확대시킬 때 진정한 행동력을 이끌어 낼 수 있다는 것이다. 이러한 원리는 동기이론을 바탕으로 한 리더십에 대한 선행연구를 통해 확인할 수 있다.

강화이론(reinforcement theory)의 관점에서는 리더가 행동에 착수하기 전에 조직 구성원에게 어떤 특수한 상황을 강조하면 효과가 있다는 강화물의 행동도출 효과를 지지하였다. 따라서 상벌이나 설명 등 효과적인 강화물을 찾아내는 것이 리더십 활동이었다. 그러나 단순히 강화물 그 자체만으로는 한계가 있으며 구성원의 심리상태도 고려해야 한다는 점을 알게 되었다. 목표이론(goal theory)의 관점에서는 하위자의 행동에 영향을 미치는 것은 달성해야 할 목표와 이에 대한 분명한 인지가 중요하다는 것이다. 이를 위해 실현 가능한 목표를 구체적으로 제시하는 것이 필요하다. 목표의 일방적인 제시가 아니라 스스로 목표를 인식하고 리더가 이를 지원하는 방법이다. 피동적이기보다는 능동적으로 행동동기를 만들 수 있다는 것이다. 한편, A. Bandura는 사회인지이론을 제시했는데 이는 개인가치의 변화가 조직가치를 변화시키고 개인을 변화시킨다는 것이다. 이 이론은 인간의 행동은 강화나 목표가 아닌 사회 인지를 통해 동기가 부여되고 이러한 능력이 행동에 지속적으로 영향을 미친다는 것이다. 결국 훌륭한 리더십은 외적 목표나 강화가 아니라 내부적으로 동기를 유발시킬 때 지속적, 헌신적, 자발적인 행동력을 나타낸다는 것이다. 이러한 차원에서 접근한 리더십 기술이 바로 슈퍼리더십과 셀프리더십이다.

슈퍼리더십(Super-leadership)과 셀프리더십(Self-leadership)은 자기보상의 추구와 자기 열정에 의한 동기유발에 핵심을 두고 있다. 급여, 승진, 평판 등 외적 보상이 아니라 성취감, 공헌, 재미, 유능감, 가치 등 일 자체에서 나오는 내적 보상에 의할 때 진정한 동기유발이 가능하다는 것이다. 즉 사람은 효과적으로 잘 수행할 수 있는 과업을 좋

아하는 경향을 갖고 있어 유능하다는 느낌이나 칭찬을 받으면 물질적 보상을 받지 않더라도 강력하게 영향력을 발휘할 수 있다는 자기 유능감(self-conpetence), 자신의 운명을 스스로 통제하고 싶은 자기 통제감(self-control)에 주목한다. 결국 슈퍼리더십이나 셀프리더십은 구성원 스스로 의사를 결정할 수 있도록 자율권을 확대하는 것이다.

자기 유능감과 자기 통제감은 도덕적 문제에 대한 성공적인 해결을 통해 증대시킬 수 있다. 즉 구성원들로 하여금 스스로 그 과업이 의미 있고 가치 있는 것으로 인식할 수 있도록 해야 한다. 하지만 선한 목적과 의미의 도덕적 과업이 자기 유능감과 자기 통제감을 가져다주지만 스스로 의미 있고 가치 있는 것으로 느껴지지 않으면 내적 보상으로 연결되지 않는다. 따라서 리더는 구성원들이 스스로 의미 있고 가치 있는 것으로 인식하는 내적 보상의 원리를 이해해야 한다. 즉 자성예언, 건설적인 내적 대화 등을 활용하여 실패를 새로운 도전으로 생각하게 하고, 자기 설정목표나 자기 보상감을 갖게 함으로써 어렵고 매력적이 아닌 과업도 스스로 잘해 갈 수 있게 하며, 선한 목적이나 의미를 촉진시키는 내적 보상을 일 속에서 얻도록 함으로써 스스로 동기를 유발시켜 즐겁게 일하고 높은 업적을 달성할 수 있게 한다. 또한 신념, 상상적 경험, 자신과의 대화에 의한 자기관리를 통한 효과적인 사고패턴을 확립함으로써 전반적인 효과성에 크게 기여할 수 있다. 리더는 이러한 외적 보상이나 내적 보상이 한 개인에 그치는 것이 아니라 조직과 사회로 확산시켜 나가도록 해야 한다(이희영, 2006: 61-76).

외적 리더십의 개발은 리더십 관계에서는 항상 인간존중과 배려를 통해 개인적인 신뢰를 형성하고, 의사소통을 원활히 하여 상호이해와 상호신뢰를 얻음으로써 구성원 모두가 공동체의 목표에 자발적으로 헌신할 수 있는 능력을 구비하며, 리더십의 과정에서는 공동체 사회를 위한 올바른 가치와 비전을 제시하고 이를 합리와 설득을 통해 의사를 결정하며 결정된 사항에 대해서 윤리적으로 실천하며, 리더십 기술에서는 구성원의 활동에 대한 인정과 칭찬, 적절한 보상 등 인간행동의 이해와 동기부여를 통해 자기실현과 공동체의 목표구현을 촉진시켜 나가는 능력을 배양하는 것이다.

앞에서 살펴본 바와 같이 윤리문화적 리더십은 공동체적 삶의 원리에 바탕을 둔 리더십으로 누구라도 리더가 될 수 있으며 또한 팔로워가 될 수 있음을 전제한다. 따라서 훌륭한 리더는 리더십뿐만 아니라 팔로워십도 겸비한 인품과 덕성을 구비해야 한다. 그리하여 임무와 역할에 따라 리더십으로 또는 팔로워십으로 적합한 영향력을 발휘해야 한다. 리더십과 팔로워십이 겸비된 사람만이 다른 사람에게 진정한 영향력을 발휘할 수 있는 것이다.

오늘날 리더십에 있어서 실패하는 많은 리더들은 대부분 지식이나 실력이 부족해서가 아니라 인격적인 결함, 원만하지 못한 인간관계, 의사소통 및 결정방식 부적절, 동기부여 기술 결여 등에 기인하고 있다. 아무리 특출한 리더라도 그들의 삶에서 도덕과 인격이 받쳐 주지 못하면 실패하고 만다. 현대 리더십은 내적 리더십인 도덕성과 외적 리더십인 능력을 겸비한 리더십을 요구하고 있다. 그리고 내적·외적 리더십이 리더십 실제에서 조화롭게 그리고 융통성 있게 적절히 발휘될 수 있어야 한다. 그리하여 단순히 조직을 움직이는 것이 아니라 구성원의 마음을 사로잡을 수 있는 인간적 매력으로 나타날 수 있어야 한다. 결국 윤리문화적 리더십의 개발은 능력과 도덕성, 그리고 인간미의 개발이라고 할 수 있다.

이러한 윤리문화적 리더십 개발을 위해서는 끊임없이 탐구하고 성찰하고 계발하는 뛰어난 학습자가 되어야 한다. 통상 훌륭한 리더는 훌륭한 학습자들이다. 리더는 항상 공부하는 생활습관을 가져야 한다. 리더가 리더로서의 인품과 리더십의 기술과 지식을 갈고닦는 것을 멈추면 리더십과 삶의 거리는 확실하게 퇴색되고 만다. 따라서 윤리문화적 리더십의 개발은 삶의 전 과정에 걸쳐 일상생활을 통해 지속적으로 추구해야 할 계속적 자기계발 과정이요, 평생학습임을 분명히 인식하고 이를 실천해야 한다.

현대사회에 있어서 리더십은 단순히 개인적인 차원이 아니라 사회적 그리고 국가적 차원에서 중요한 지적 자산이다. 따라서 리더십 개발을 개인적인 학습 차원으로 한정해서는 안 되며, 사회적·국가적 차원에서 종합적인 개발시스템을 구축하고 이를 적극 지원해야 한다. 즉 지식인이나 교육기관에서는 리더십의 당위와 실제의 문화적 가치를 균형적으로 조화시킨 리더십의 윤리문화적 틀을 발전시키고 이를 지속적으로 교육시켜야 하며, 국가나 기업 등에서는 이러한 리더십의 틀이 실천될 수 있도록 법적, 제도적, 정책적인 조치를 우선적으로 시행하고, 사회는 리더십의 윤리문화가 올바로 실행될 수 있도록 감시와 비판활동이 이루어지는 통합적이고 총제적인 리더십 개발과 교육 및 지원체제를 구축해야 할 것이다.

■■■ **제7장** 한국의 윤리문화적 리더십 발전과제

오늘날 한국사회는 정보화, 개방화, 민주화에 따라 사회 전반에 걸쳐 기존 질서가 해체되고 있는 가운데 이를 대체할 새로운 질서가 제대로 정착되지 못하고 있는 실정이다. 즉 협소한 국토와 빈약한 자원, 그리고 남북분단하에서 선진화와 민족통일을 동시에 추구해 나가야 하는 복잡한 여건 속에서 지역별, 세대별, 이념 간의 갈등이 심화되고 있고, 급속한 산업화 과정을 거치면서 사회 전반에 걸쳐 가치관이 왜곡 및 전도됨으로써 리더십 현장에 있어서도 리더와 리더십에 대한 불신이 사회적 문제로 대두되고 있다. 이는 한국의 리더십의 윤리적 이상의 당위와 실제의 문화적 가치 간의 괴리와 모순에서 비롯된 결과라고 할 수 있다.

이러한 상황에서 한국사회의 다양한 문제점을 해결하고 정치, 경제, 사회 등 모든 영역에서 급속한 변화에 대처함은 물론 이를 창조적으로 발전시킬 수 있는 리더와 리더십에 대한 요구와 기대가 날로 높아 가고 있다. 오늘날 한국사회에서 제기되는 리더십의 사회적 요구는 단순히 특정분야에 대한 문제 해결에 그치는 것이 아니라 사회 전반에 걸쳐 리더의 부재와 리더십의 위기로 대변되는 리더십의 적실성을 제고시키는 것이다. 이를 위해 한국사회의 리더십 현장에 다양하게 상존하고 있는 리더십의 모순과 갈등을 해소하고 한국의 상황과 여건에 부합하는 새로운 리더십 윤리문화를 발전시키는 것이 당면 과제라고 할 수 있다.

이 장에서는 한국의 리더십 윤리문화적 발전과제로서 공동체 사회적 리더십과 시민 사회적 리더십의 조화, 리더십에 있어서 도덕성과 유효성과의 조화, 다양성과 통합성을 조화시키는 다문화적 리더십의 발전에 대해 살펴보고자 한다.


## 제1절 공동체 사회적 리더십과 시민 사회적 리더십의 조화

한국사회는 전통적으로 혈연과 지연을 중심으로 한 공동체적 삶을 영위해 왔으나 해방 이후 산업화 과정을 거치면서 자유민주주의에 바탕을 둔 시민 사회적 요소가 가미되어 오늘에 이르고 있다. 그러나 산업화 과정에서 전통적 가치관의 현대적 응용이 부실하고 서구사상을 무비판적으로 수용함에 따른 공동체 사회적 가치관과 시민 사회적 가치관의 부조화로 다양한 갈등이 양산되고 있다. 이러한 현상은 리더와 리더십의 영역에서도 공동체 사회적 리더십과 시민 사회적 리더십의 갈등으로 전이되어 리더십의 실제에서 여러 가지 문제를 발생시키고 있다.

공동체(community)의 개념을 정의하는 것은 쉽지 않다. 그것은 단순히 역사적으로 공동체들이 다양하게 존재해 왔을 뿐만 아니라 사람들이 저마다 각기 선호하고 존중하는 공동체를 추출하거나 이상화하여 이에 기초한 공동체 개념을 설정하는 경향이 있기 때문이다. 일반적으로 공동체 개념은 정서적 긴밀성과 공간적 밀착성을 통한 유대감으로 결합된 사람들의 일단으로 이해되고 있다(박종훈, 1994: 111-112). 다시 말해 공동체는 같은 환경을 공유하고 같은 관심사를 가진 사회집단이다. 따라서 공동체에서는 믿음, 자원, 기호, 필요, 위험 등의 여러 요소들을 상호 공유하며, 이는 참여자의 동질성과 결속성에 영향을 주고받는다. 공동체주의는 현대자유주의에 대한 비판을 토대로 형성되었다. 인간과 사회를 합리적인 입장에서 접근하는 자유주의에 대해 공동체주의는 개인의 정체성이라는 개념을 토대로 비판한다. 그 과정에서 공동체주의의 도덕적 질서의 강조로 인한 자유주의 인간의 권리에 대한 보장, 공동체주의 자체의 집단주의적 성격에서 비롯되는 권위주의적·전체주의적 위험성, 이론적·실제적 전개과정에서의 유연성과 해석 등에 대한 문제가 부각되었다.

한편, 시민 사회(civil society)는 봉건제 사회를 근저로부터 변혁시킨 시민혁명에 의해서 성립된 자본주의 사회체제로서 국민 주권에 의한 시민국가를 구성하고 봉건적인 토지 소유 관계의 일소, 시민에 대한 기본적 인권으로서의 시민적·정치적 자유의 보장, 법 앞에서의 평등 등을 지향한다. 이러한 시민 사회의 개념은 계몽주의 사상가들에 의해서 자연 또는 원시상태의 사회에 대비되는 문명의 개념이 형성되었다. 즉 문명화되지 않은 사회 혹은 전제적인 지배가 이루어지는 자연상태와 달리 문명화된 사회나 헌법에 기초해서 법에 의한 지배가 이루어지는 입법국가를 의미하게 되었다. 그 후에 사회주의 사상가들에 의해 물질적 욕구를 해결하는 경제영역을 의미하는 개념으로 이해되기도 하였다.

오늘날 현대사회는 공동체 사회와 시민 사회의 특성이 병존하기보다는 다양하게 혼합되어 나타남에 따라 이를 구별하는 것이 쉽지 않다. 윤리문화적 측면에서 보면 현대사회는 공동체 사회적 윤리문화와 시민 사회적 윤리문화가 다양한 배열과 형태로 상호작용하면서 복잡다단한 현상과 질서를 나타내고 있다. 여기서 공동체 사회적 윤리문화는 공동체 전체를 위한 의식과 신념의 분담과 관련한 도덕문화이다. 반면에 시민 사회적 윤리문화는 각각의 시민이 경쟁과 이익을 추구하는 과정에서 올바른 절차를 공유하는 것과 관련된 도덕문화이다. 공동체 사회적 윤리문화는 사익보다는 공익, 개인보다는 공동체의 가치를 더 중시하고 나눔과 베풂, 유대와 우의, 협력과 애착 등과 같은 덕목들이 강조된다. 시민 사회적 윤리문화는 계약의 존중, 합리적인 타협 그리고 사고 내지 생활양식이 중시되고 타인에 대한 관용 등의 덕목들이 강조된다.

공동체 사회적 윤리문화는 통합성을 특징으로 하는 문화적 성격을 띠고 있으며, 그에 따라 도덕성의 형성에 있어서도 내재화를 통한 형성이 중요한 부분을 차지하며, 윤리적 실천에 있어서도 올바름보다는 선의 실천이 보다 두드러진 윤리문화라고 할 수 있다. 이에 비해 시민 사회적 윤리문화는 분기성을 특징으로 하는 문화적 성격을 띠고 있으며, 도덕 판단이 도덕성의 근간을 이루면서 선보다는 올바름의 실천이 윤리적 실천의 중심이 되는 윤리문화이다. 공동체가 일정한 선에 대한 자발적인 분담된 이해를 소지하는 사람들의 일단이라고 할 때 이러한 선의 자발적인 분담은 정의적 공동체에서 가장 잘 이뤄진다고 할 수 있다. 이러한 공동체 사회적 윤리문화의 성격을 기본적으로 규정하는 공동체는 바로 공동체 정신으로부터 생성된다. 반면 시민 사회는 다른 성향을 가진 많은 사람들이 자율적이고 상호적으로 상호작용하고 있는 폭넓은 사회적 관계의 총체이다. 이러한 시민 사회의 기본적 특성은 경쟁과 자율적인 질서로서 시민 사회는 그 자체를 유지하기 위한 자기 제한적 정신으로서의 시민성이 요구된다. 이러한 시민성에 기초한 시민 사회에 의해 생성되는 윤리문화가 시민 사회적 윤리문화이다(박종훈, 2006: 15-19).

공동체 사회적 리더십과 시민 사회적 리더십도 근본적으로 공동체 사회의 통합성과 시민 사회의 분기성, 그리고 선과 옳음의 윤리문화적 덕목에 바탕을 두고 있다. 공동체 사회적 리더십은 공동체적 덕목에 바탕을 두고 상하 간의 상호 의존과 유대관계, 규범과 전통 등 기존의 도덕적 질서를 중시하고, 구성원의 동질성과 결속성의 강화가 핵심이다. 이에 비해 시민 사회적 리더십은 시민 사회적 덕목에 바탕을 두고 경쟁과 자율적인 질서를 중시하며, 인간의 자유와 평등에 대한 보장을 핵심으로 하고 있다. 다시 말해 공동체 사회적 리더십은 선의 유지와 확장의 통합성을 지향한다면 시민 사회적 리더십은 올바름의 유지와 확장의 분기성을 지향하는 것이다.

공동체 사회적 리더십이나 시민 사회적 리더십이나 궁극적으로 사회의 발전과 존속을 위해 기능하는 것으로서 서로 상치되는 것이 아니라 상호 보완적 관계이다. 따라서 공동체 사회적 리더십과 시민 사회적 리더십의 제 요소가 상호 균형적 조화를 이루지 못하면 리더십의 실제에 있어서 모순과 갈등이 야기된다. 리더십에 있어서 공동체 사회적 요소와 시민 사회적 요소가 상호 조화를 이루기 위해서는 이들 요소를 제어하고 조절하는 리더의 자기 관련 덕목의 활성화가 요구된다. 리더는 이러한 덕목을 통해 리더십의 윤리문화적 요소를 조화시키고 조절함으로써 구성원들이 개인이나 조직 목표는 물론 공동체 전체의 목적 달성에 자발적, 헌신적, 지속적인 행동력을 도출할 수 있게 되는 것이다.

　오늘날 한국 사회에서 발생하고 있는 공동체 사회적 리더십과 시민 사회적 리더십의 부조화는 리더십의 바탕이 되는 공동체 사회적 윤리문화와 시민 사회적 윤리문화의 제 요소들이 상호작용할 수 있도록 이를 조절하는 리더의 자기 관련 덕목이 제대로 활성화되지 못함에 따라 발생하는 결과라고 할 수 있다. 리더십에 있어서 공동체 사회적 요소와 시민 사회적 요소의 상호 균형적 조화를 이끌어 내지 못하고 한쪽으로 지나치게 편향됨으로써 여러 가지 부작용이 발생하게 된다. 리더십에 있어서 공동체 사회적 요소가 지나치게 강조됨으로써 전체주의의 위험성을 초래하거나 시민 사회적 요소가 지나치게 강조됨으로써 개인주의적 이기주의의 만연으로 파편화될 가능성이 야기되기도 한다.

　리더십은 근본적으로 공동의 목표 달성 또는 공동체의 목적을 구현하기 위해서 다른 사람들에게 영향력을 행사하는 과정이며, 리더십의 최상 상태는 구성원들이 자신의 이익을 추구하면서도 공동체적 목적을 자신의 이익으로 인식하고 자발적, 헌신적으로 추구하려고 노력하는 상태를 의미한다. 이러한 상태는 리더십이 개인이나 조직의 목표 달성을 위한 효율성의 추구는 물론 선과 올바름의 공동선에 지향될 때 나타나는 결과이다. 즉 공동체 사회적 윤리문화의 통합성과 시민 사회적 윤리문화의 분기성이 균형적 조화를 이루는 상태라고 할 수 있다. 이는 칸트가 '덕이론'에서 제시하고 있는 윤리적 자연 상태에서 벗어나 윤리적 공동체로 돌입하면서 인간이 그들만이 독특한 의무를 지는 것과 같은 맥락이다. 여기서 독특한 의무란 개인이 다른 개인에 대해 지는 의무가 아니라 인류가 인류 그 자체에 대해 지니는 의무로서 보편적 인류애의 의무라 할 수 있다. 조직이나 사회의 구성원들이 개인의 이해를 벗어나 조직이나 사회의 의무를 자신의 의무로 인식하고 이를 실천하는 최상의 리더십이 형성되기 위해서는 이들 구성원들의 심정을 보편적이고도 지속적으로 결합시키는 '도덕법칙에 대한 존경'의 표상으로서 리더가 필요함을 함의하고 있다.

이러한 리더십의 상태는 R. E. Quinn이 제시한 근원적 리더십의 발생조직화를 통한 '생산적 공동체(productive communities)' 개념에서 보다 분명하게 확인할 수 있다. 그는 조직이나 사회의 모든 구성원들이 목표에 깊이 몰입되어 있고, 상호 간에 강한 충성심을 발휘하고, 고차원적이고 인간가치에 의해 움직이고, 업무뿐만 아니라 타인을 위해서도 능력을 발휘함으로써 기대수준을 넘어 업무를 수행할 수 있는 리더십의 최상 상태를 이른바 '생산적 공동체'라고 하였다. 이러한 생산적 공동체는 조직의 탁월함을 모방하는 것에서 이루어지는 것이 아니라 근원적 상태에 이른 한 사람으로부터 비롯되어 소수의 탁월한 사람들을 근원적인 상태로 이끌어 가는 '발생적 조직화(energent oganizing)'로 이루어진다고 주장한다. 즉 생산적 공동체는 리더십의 근원적 상태에 도달한 리더가 다른 사람을 변화의 과정으로 이끌게 되면서 만들어지는 것이다. 누구든지 리더십이 근원적 상태에 도달하면 관심의 초점이 타인으로 전환되고 주체적인 행동과 외부상황을 받아들이는 개방적인 태도로 노력하며, 긍정적인 감정이 생기고, 인지력이 확장되고, 사고력과 비전, 이해력을 증진시킨다. 긍정적인 정서와 긍정적인 사고가 상호 교류하면서 에너지가 증진되고 이는 시너지 효과를 낸다. 리더십의 근원적 상태에 도달한 사람들의 에너지와 품성이 다른 사람들을 전염시키는 "변화를 야기하는 메타포(metaphors that bring about metamorphosis)"가 된다. 주변에 있는 사람들은 이들에게 이끌려 역량을 강화하고 이러한 과정을 통해 발생적 조직화가 이루어진다. 리더십의 근원적 상태에 도달하면 세상을 바라보는 관점이 달라진다. 즉 일반적 상태의 특징은 '둘 중의 하나(either-or)'식의 사고방식이지만 근원적 상태의 특징은 명백히 상반된 개념을 더 포괄적인 현실관념으로 수용하는 '둘 다 함께(both-and)'식의 사고로 전환한다(R. E. Quinn, 최원종 외 옮김, 2005: 43-46, 97-98, 116). 이러한 리더십의 근원적 상태인 생산적 공동체는 공동체 사회적 윤리문화의 통합성과 시민 사회적 윤리문화의 분기성이 균형적 조화를 이룸으로써 발생되는 바람직한 윤리문화적 리더십의 상태이며 이는 한국의 리더십 윤리문화인 신바람과 같은 맥락이라고 할 수 있다.

오늘날 한국사회에서 공동체 사회적 리더십과 시민 사회적 리더십의 부조화를 극복하고 바람직한 윤리문화적 리더십의 상태를 이끌어 내기 위해서는 리더십에 대한 일반적인 사고방식에서 벗어나 보다 확장된 사고와 근본적인 접근방법이 필요하다. 즉 리더십 실제에서 나타나고 있는 문화적 가치에 치우치지 않고 리더십의 바탕이 되는 윤리적 당위와 조화시키는 윤리문화적 관점이다. 정보화, 민주화, 다원화 사회 발전에 따라 세분화된 가치관의 전체성 연구와 공동생활의 원리에 대한 연구가 필요하다. 공동체를 만드는 일은 현대 리더십의 요건들 중 하나이지만 리더가 구사할 수 있는 핵심기술이다. 이는 리더가 이루어야 할 일과 실천해야 할 사람을 하나로 통합시키고 조직과 환경 내 틈새를 조화시켜 하나의 바람직한 유기체가 되도록 만드는 능력이다(제정관, 2006: 145).

이를 위해 한국사회는 권력과 부, 지위에 의해 획득되는 리더십이 아니라 윤리적 당위와 실제의 문화적 가치를 균형적으로 조화시키고 이를 윤리적으로 실천하는 리더십이 되어야 한다. 즉 리더십은 도덕적, 정신적 측면을 기반으로 더 높은 규범으로 이끌어 줄 수 있는 윤리문화적 틀을 개발해야 한다. 그리고 모든 사람이 품고 있는 이상에 힘을 불어넣고, 우리 안에 있는 최선의 것에 호소하며, 질 높은 삶으로 나가도록 해야 하는 것이다. 이러한 리더십은 리더의 확고한 윤리문화적 틀 안에서 이루어진다. 현대사회의 리더십은 인간의 본성에 바탕을 두고 인간사회를 모두가 잘 사는 공동체로 만들어 내기 위하여 양심적, 도덕적 삶을 영위할 수 있는 내면적 변화를 꾀하는 실천으로 발현되어야 할 것이다. 이는 리더십 윤리문화에 상존하고 있는 분기성과 통합성을 조절할 수 있는 리더의 자기 관련적인 덕과 내면적 변화를 꾀하는 윤리적 실천에서 비롯된다.

따라서 한국의 리더십 실제에 있어서 공동체 사회적 리더십과 시민 사회적 리더십의 조화를 위해서는 Quinn의 생산적 공동체 리더십과 함께 세종대왕이 지엄한 왕의 지위에 있으면서도 위민이라는 공동체적 가치에 바탕을 두고 합리와 납득의 과정을 통해 공감을 이끌어 냄으로써 사대주의와 숭고주의의 분기성을 극복하고 변화와 창조를 이끌어 낸 리더십의 과정에서 많은 시사점을 얻을 수 있다.

## 제2절 리더십의 도덕성과 유효성의 조화

한국사회는 역사적으로 덕을 지도자의 핵심요소로 삼는 유교적 전통을 갖고 있다. 지도자는 덕을 지닌 유덕자여야 하고 치민이나 치국의 과정도 덕을 바탕으로 감화와 덕화의 무위지치(無爲之治)를 이상으로 삼았다. 이러한 전통은 해방 후 산업화와 근대화 과정을 거치면서 서구의 합리주의와 실용주의의 영향을 받아 약화되기 시작했다. 리더의 자질이나 리더십의 과정에서 도덕성보다 능력이나 유효성을 우선시하는 경향이 나타나게 된 것이다. 오늘날 한국사회의 리더십 현장에서는 도덕성을 간과하거나 무시하는 '도덕적 해이'로까지 발전하고 있다. 이러한 현상은 급속한 산업화 과정을 거치면서 리더십에 있어서 효율성이 중시되어 유효성과 도덕성 간의 모순과 갈등을 극복하지 못한 데서 비롯된 결과라고 할 수 있다. 한국의 리더십 실제에서는 이 두 요소 간의 갈등을 극복하는 것이 당면 과제라고 할 수 있다.

리더십에 있어서 도덕성은 윤리적 또는 도덕적 지도성에 의해 발현된다. 일찍이 Greenfield와 Hodgkinson은 윤리적 지도성은 구성원이 가지고 있는 도덕적·정신적 비전이고, 사명이며, 가치의식이고, 문화이고, 행동이라고 정의하였다. 또한 Stout는 도덕적 비전을 가지고, 윤리적인 가치에 근거해서 자발적으로 협동하여 수행하도록 고취시키는 것이라고 하였다. 대체적으로 윤리적 지도성과 도덕적 지도성은 동일한 성격으로 규정하고 있다. R. Starrat는 '윤리적'인 것은 도덕적 삶을 살기 위해서 무엇이 요구되고 있는가에 대한 요약이고 체계적인 언급이라고 한다면 '도덕적'인 것은 윤리적인 신념과 의무의 외부적 활동이고 삶이라고 규정하면서 리더십의 활동을 도덕적으로 성격

지우는 것과 윤리적으로 성격 지우는 것을 동일한 것으로 규정하였다 (R. Starrat, 2004: 5). 즉 도덕적 리더십은 리더하는 행동 속에 간직한 도덕적 활동을 포함하고 있으며, 윤리적 리더십은 윤리에 대한 리더의 지지 시스템 속에 있는 윤리적 당위, 신념, 가설, 그리고 가치를 행하기 위한 시도라고 할 수 있다. 따라서 윤리적 또는 도덕적 지도성은 상하 간 신뢰관계, 올바른 과정, 자발적인 행위 등과 관련된 개념으로서 리더십의 윤리문화적 관점에서는 이를 포괄적인 개념으로 본다.

한편 리더십에 있어서 유효성은 목표에 대한 성취 기준으로서 효과나 효능을 의미한다. Fiedler는 집단성과를 하나의 기준으로 사용하였으며, House는 추종자의 만족도에 부분적인 초점을 맞추었고, 변혁적 리더십에서는 조직의 대규모 변화를 성공적으로 수행하였는지의 여부를 기준으로 삼기도 한다. 그러나 유효성은 정의하는 사람들의 시각과 고려의 대상이 되는 이해 당사자에 따라 다르게 인식되고 있다. Castaneda와 Nahavand는 상사는 주로 성과, 프로젝트의 완료 여부 또는 예산 사용의 효율성에 초점을 두지만 구성원들은 개방성, 자신의 욕구에 대한 지원, 자신들의 경력관리에 보여 주는 관심 등을 유효성의 핵심으로 인식한다고 주장한다. 또한 Luthans는 리더를 효과적인 리더와 성공적인 리더로 구분하고 전자는 부하들과의 의사소통, 갈등관리, 부하들의 훈련 개발 및 동기부여에 많은 시간을 할애하는 반면 후자는 외부 사람들과의 상호교류, 사교 및 정치행위를 비롯한 다른 사람들과의 관계구축에 많은 관심을 갖는다고 하였다. 따라서 리더십의 효과에 대한 정의는 리더가 수행하는 모든 상이한 역할과 기능을 고려해야 하고 리더를 평가할 때 그러한 요소들을 포함시켜야 한다는 것이다. 그러나 리더십의 실제에 있어서는 이러한 철저한 분석은 좀처럼 가능하지 않으며 종종 단순한 척도에 의존하고 만다 (백기복 외, 2004: 23-27).

일반적으로 리더십의 유효성은 조직이나 집단, 사회의 문화와 밀접히 관련된다고 인식한다. 리더가 어떠한 행동을 해야 효과적인가라는 문제는 많은 문화적인 차이들이 존재한다. 예를 들어 미국에서는 리더의 실패를 인정하는 반면, 다른 많은 문화 전통에서는 리더의 실패를 인정하지 않는다. 따라서 유효성은 합리성과 함께 인간의 행동을 규제할 수 있는 바람직한 가치판단을 제공해 주지 못할 뿐만 아니라 인간의 존엄성, 인간 생명의 가치, 인간의 내면세계의 숭고함, 사랑, 자비, 용서, 희망, 성실 등 인간적인 가치를 보장해 주지 못한다 (정현표, 2008: 68-76). 그럼에도 불구하고 현대 사회에서 모든 가치판단의 근거를 이성적인 합리성과 효율성에서 찾으려고 한다. 리더십의 경우에도 과정보다는 결과에, 적실성보다는 효과성에 치중하려는 경향이 있다.

일반적으로 훌륭한 리더십은 유효성과 도덕성을 동시에 충족시키는 리더십으로 인식한다. 그러나 리더십의 질은 역시 수단과 행동 목적의 윤리성에 의해 결정된다. 리더십은 유효성 이상의 것이다. 대부분의 사람들은 리더가 옳은 일을 수행하고 옳은 방법으로 수행하며 옳은 이유를 위해 수행하고 개인적으로 도덕적이기를 원한다. 그럼에도 불구하고 실제로는 도덕적일 때 훌륭한 리더라고 생각하기보다는 도덕적이지 않지만 성과가 있는 리더가 훌륭하다고 생각한다. 이는 사람들이 리더십에 있어서 윤리적인 것보다는 효과적인 것에 더 치중하려는 유혹을 받기 때문이다. 역사적으로 볼 때 성공적이지 못한지만 도덕적으로 훌륭한 리더는 시대착오적인 것으로 오인한 경향이 있다(J. B. Ciulla, 2003: viii‒xiv). 이와 같이 현대 리더십의 실제에서 유효성과 도덕성 간에는 하나의 갈등관계가 상존하고 있는 것으로 볼 수 있다.

오늘날 리더십 실제에서는 옳은 일을 하는 것이 자신에게 이익이 될 뿐만 아니라 조직에도 이익이 된다는 인식이 확산되고 있다. Johnson & Johnson이나 W. E. Buffett의 경영사례 등 현대의 성공적인 경영사례에서 보는 바와 같이 리더의 도덕성과 리더십의 유효성은 선순환 구조임을 확인할 수 있다. Hitt는 윤리와 지도성은 호혜적인 관계에 있는 것으로 파악하고, "효과적인 지도성은 윤리적 행위의 한 결과이며, 윤리적 행위는 효과적인 지도성의 한 결과이다"라고 하였다. 즉 리더십에 있어서 도덕성과 유효성은 갈등과 모순의 관계라기보다는 리더십의 효과에 대한 성질의 관계라고 보아야 할 것이다.

리더로서 훌륭한 성과를 낳는 요인으로 업무기술이나 사회의식, 대인관계 능력 등을 강조하고 있지만 장기적이고 안정된 성과를 위해서는 통찰력과 자제력, 대인관계 능력, 그리고 '그 이상의 무엇인가'를 가져야 한다. 그것은 마음속에 깊이 명심하고 있는 일련의 신념과 가치관인 도덕지능과 이를 실천하는 도덕능력이다. 도덕지능은 인간의 보편적 원칙들이 가치관과 목표, 활동에 어떤 식으로 적용되어야 하는지를 판단하는 심정능력이다. 도덕능력은 실질적으로 옳다고 생각하는 것을 실천하는 능력이다. 도덕지능과 도덕능력은 리더로서 성공의 기본 요소이다. 진정한 리더십은 높은 도덕지능과 굳은 도덕능력으로부터 나오며, 이는 원칙(原則)을 갖고 일정한 힘의 수단을 행사함으로써 나타난다.

성공한 리더들은 리더십에 있어서 일련의 공통된 원칙들을 갖고 있고 그러한 원칙들을 활동의 길잡이로 일관성 있게 실천한 사람이다(D. Lennick, 정준희 옮김, 2006: 42). 이러한 원칙은 오랜 세월 동안 모든 인간사회에서 옳다고 믿었던 보편적인 규준이며, 인간의 삶을 통해 입증되어 온 인간행위의 지침이며, 비교적 쉽게 확인할 수 있고, 어떤 행동이나 이론 따위에서 일관되게 지켜야 하는 기본적인 규칙이나 법칙이다. 원칙은 공평성, 친절, 존엄성, 자선, 성실, 정직, 질, 봉사, 인내 등과 같이 더 이상 논쟁의 여지가 없어 사람들에게 보편적인 믿음을 갖도록 한다. 도덕적 권위가 있는 사람들이 공식적 권위를 원칙에 의거하여 사용할 때 그들의 영향력은 배가된다. 권력을 휘두르거나 인내, 친절, 부드러움, 공감, 설득의 수단을 사용하는 것에 민감한 의존적인 사람들에게 도덕적 권위가 있는 사람들의 훌륭한 성품은 사람들의 양심을 자극하고 대의나 원칙에 대한 감정적 동일시를 만들어 공식적 권위와 권력의 효과성을 높여 주게 된다(S. R. Covey, 김경섭 옮김, 2005: 410).

리더십에 있어서 원칙은 리더십의 도덕성과 유효성의 딜레마를 해결하는 중요한 요소이다. S. R. Covey는 사람들은 본능적으로 올바른 원칙에 바탕을 두고 형성된 성격을 가진 사람을 신뢰하며, 리더가 높은 목적과 원칙에 자신을 맞추는 원칙중심의 리더십을 발휘할 때 리더십의 효과성과 신뢰를 촉진시킬 수 있다고 하는 '원칙중심의 리더십(Principle-centered Leadership)'을 발전시켰다(S. R. Covey, 2000: 23-24). 그에 의하면 원칙중심의 리더십은 신뢰에 바탕을 둔 것으로서 이러한 원칙은 리더십의 신뢰를 형성하는 데 있어 중요한 관건이 된다. 신뢰는 조직원 간의 공유가치에 의한 것이며 '진실성'을 바탕으로 한 신뢰가 리더십의 효과성을 증대시키는 것이다. 이러한 신뢰는 개인 차원, 대인관계 차원, 관리 차원, 조직 차원의 동심원 형태로 점차 확대해 가면서 내면으로부터 시작되어 외부로 실천에 옮겨진다. '내면에서부터 외부로'의 패러다임이 승－승 합의와 시너지적 해결 방안을 찾을 수 있게 하는 신뢰를 발전시키려면 리더가 먼저 자신의 삶을 통제할 수 있어야 하며, 자기 자신의 삶과 부수적인 단기적 욕구를 차원 높은 목적과 원칙을 달성하는 데에 집중시켜야 한다. 리더의 엄격한 자기 수양과 정직한 삶, 숭고한 이상의 생활태도를 바탕으로 자신의 목적의식과 비전, 성품과 본성, 그리고 자신의 표방을 통해 추종자들과의 관계에서 원칙 중심의 지도력을 쌓아 갈 수가 있으며, 장기적인 헌신과 노력을 통해 원칙중심의 지도력이 증대될 수 있는 것이다. 결국 원칙중심의 리더십은 인간의 보편적인 삶의 원리에 입각하고, 윤리적 이상의 당위와 실제의 문화적 가치의 균형적 조화와 이를 윤리적으로 실천하는 자기 통제와 수양, 장기적인 헌신과 일관성 있는 노력을 통해 감정적 동일시의 공감을 형성하여 구성원의 자발적, 헌신적, 지속적인 영향력을 이끌어 내는 리더십이다.

한국은 역사적으로 빈번한 외침을 받아 왔지만 해방 이후에는 근대화와 민주화를 동시에 추구해야 했으며, 6·25동란과 남북분단하에서 민족통일과 복지국가를 추구해야 했다. 이러한 현실 속에서 나름의 생활원리와 사회양식을 형성해 오는 과정에서 리더의 도덕성과 지도성, 리더십의 윤리성과 효율성 간의 갈등과 모순이 상존하고 있다. 이는 한국의 리더십이 공동체적 삶의 원칙을 무시하고 인간적 가치 대신에 물질적 가치에 편향되고, 단기적이고 일시적인 성과를 중시하고, 외부적, 현시적 행동에 치우침으로써 리더십에 있어서 원칙이 상실되거나 왜곡됨으로써 초래된 결과이다. 따라서 한국의 리더십 실제에 있어서 도덕성과 유효성 간의 모순을 극복하기 위해서는 원칙중심의 리더십이 확립되어야 한다. 리더십에 있어서 원칙이 중심에 위치할 때 도덕성과 유효성은 조화될 수 있으며 리더십의 진정한 영향력을 발휘할 수 있다.

이런 차원에서 리더십의 유효성과 도덕성의 조화를 위해 Covey의 '원칙중심의 리더십'과 함께 충무공 이순신이 전장상황이라는 특수한 환경 속에서도 높은 도덕적 원칙을 견지하고 이를 융통성 있게 구사함으로써 휘하 장병과 백성들로부터 전폭적인 신뢰를 얻고 연전연승의 전투력을 이끌어 낸 리더십의 기술은 우리에게 많은 시사점을 주고 있다.

## 제3절 다문화주의적 리더십의 발전

오늘날 한국사회에서는 국제화, 개방화에 따라 여러 민족이나 종족이 함께 어울려 살아가는 새로운 문화적 패러다임이 형성되고 있다. 국토연구원은 2050년 한국의 인구 10명 중 1명은 외국인이 차지하며 2050년 한국의 메가트렌드(megatrend) 중 하나로 다문화사회가 될 것이라고 전망하고 있다. 이제 한국사회에서도 이러한 다문화사회가 하나의 사회형태를 형성하고 있다. 이에 따라 한국사회에서 계승되어 온 단일문화주의적 가치관은 점차 약화되고 다문화사회에 따른 소수인종 집단의 사회적응, 사회적 갈등과 분열 등이 새로운 사회문제로 대두되고 있다. 이러한 다문화사회에 있어서 인종과 문화 간의 갈등을 극복하고 공동의 목적을 구현시켜 나갈 수 있는 리더십으로 다양성과 통합성을 조화시킨 다문화주의적 리더십의 발전이 오늘날 한국사회의 당면 과제이다.

오늘날 다문화주의(multiculturalism)라는 개념은 매우 다양한 의미로 사용되고 있다. Sterba는 다문화주의를 문화적 다양성을 존중하는 이상으로 정의하였으며, Taylor는 다문화주의를 문화적 다수 집단을 동등한 가치를 가진 집단으로 인정하는 승인의 정치로 정의하였다. Kymlicka는 다문화적 시민성의 개념을 통해 자유주의의 틀 속에서 다문화주의의 양립 가능성을 제기하였다. 한편, Turner는 다문화주의를 차이의 다문화주의와 비판적 다문화주의로 구별하고 있다(한건수, 2007: 162). 여기서 차이의 다문화주의는 공유하는 것보다는 오직 차이만을 드러내는 데 열중하는 다문화주의로서 정치적·지적 분리주의를 정당화하는 일종의 문화 민족주의적 개념이다(장영희, 1997: 298). 비판적 다문화주의는 문화를 어떤 특정한 민족집단이 소유하고 있는 고정된 것이 아니라 스며들고 역동적이며 상호작용하는 것으로 간주하고, 보다 개방적이고 민주적인 문화의 다양성을 주장하며, 차이를 존중함으로써 소통과 공유를 넓혀 가는 것을 목적으로 한다. 오늘날 비판적 다문화주의는 통상적으로 언급되는 다문화주의의 한계와 문제를 극복하는 전망으로 인식되고 있다(한건수, 2007: 138).

서구에서 다문화주의는 비서구 출신 신규 이민자들의 급증으로 인한 소수 인종집단의 사회 부적응, 다수와 소수 인종집단 간의 사회적 갈등과 분열의 문제를 다문화주의라는 이념과 정책을 통해 해결하고자 하는 배경 속에서 등장한 것이다. 이러한 과정에서 대부분 주류 문화가 비주류 문화를 우월주의나 강압에 의해 흡수 또는 동화시킴으로써 문제를 해결하는 동화주의(同化主義)를 추진하였다. 따라서 다문화주의는 한 국가 내부에서 다수와 소수 사이의 문화적 갈등 문제와 관련하여 소수자 문화의 인정과 공존의 방식을 둘러싼 정책 수립 과정에서 비롯된 것이다(추병완, 2008: 6). 그러나 오늘날 다문화주의는 소수자 집단의 문화를 흡수하거나 동화하는 것이 아니라 문화적 다양성의 원칙에 입각하여 소수자 집단의 문화적 권리와 정체성을 인정하고 그것의 제도적 보장을 위해 필요한 정책을 실행하는 것이다. 오늘날 개방화, 국제화로 인종, 언어, 민족 등과 같은 문화적 다수 집단 간의 차이를 극복하여 통합을 이뤄 내는 문화적 다양성과 통합성의 조화라는 균형주의(均衡主義)적 관점으로 발전하고 있는 경향이다.

한국사회는 역사적으로 단일민족의 정통성을 유지 계승해 오고 있다. 역사적으로 잦은 외세의 침략과 일제강점기를 통해 단일민족에 대한 애착과 민족의 정체성을 지고의 가치로 삼았다. '한 민족 한 핏줄'이라는 동족의식이 강조되고 있고 이를 자긍심으로 삼아 왔다. 그러나 오늘날에는 국제화, 개방화 추세에 따라 국내에 외국인의 거주가 늘어나고 있고 다문화 가정이나 세대도 급속히 증가함에 따라 여러 가지 문제점이 노정되고 있다. 초기에는 다양한 민족이나 언어의 집단들을 우리 사회 속으로 흡수하여 내부적인 통합을 기하고자 하는 동화주의 입장이었다면 오늘날에는 다른 민족의 문화 차이를 이해하고 공존과 상생을 통하여 새로운 차원의 창조를 기한다는 균형주의적 접근으로 전환하고 있다.

이러한 접근에서 제기되는 문제는 단일민족이나 민족의 정체성의 적용 문제이다. 오늘날 국제화, 개방화, 다양화의 사회 속에서 다문화 구성원의 가치를 한국의 윤리문화에 어떻게 조화시킬 것인가 또는 한국의 윤리문화를 다른 다문화사회에서 어떻게 구현시킬 것인가 하는 것이다. 특히 다국적 조직이나 국제적인 활동에서 다문화 구성원이나 리더를 지도해야 하는 리더십에 있어서 이러한 선택은 가장 어렵고 복잡한 국면의 하나이다. 이를 극복하기 위해서는 리더십에 있어서 올바른 윤리문화관의 정립과 다문화 사회의 다양성을 한국의 윤리문화와 균형적으로 조화시킬 수 있는 다문화주의적 리더십이 요구되고 있다.

다문화주의적 리더십은 기술할 수 있으나 실제로 현실적인 적용은 대단히 어려운 문제이다. 설령 적용하여 어느 정도의 다양성, 통일성을 조화시킨다 하더라도 가치관의 첨밀도나 리더십 여하에 따라 새로운 갈등이 수반될 수 있다. 다문화 사회를 이끌어 나갈 다문화주의적 리더십은 문화 간의 다양성과 차이점을 극복하여 내부적인 통합을 이뤄 내는 내부지향적 리더십과 다른 문화 속에서 적응하고 우리 문화를 외화시켜 나가는 외부지향적 리더십의 두 가지 관점이 있다.

내부지향적 리더십의 관점은 D. Kennedy가 제시하고 있는 '차이의 리더십(Leadership of Differences)'이 많은 시사를 주고 있다. 차이의 리더십은 사람들이 갖고 있는 차이, 즉 다양성을 활용하면 혁신을 이룰 수 있다는 긍정적인 인식에 바탕을 두고 있다. 구성원을 새로운 사고와 아이디어를 내는 가장 큰 출처로 생각하는 것이다. 따라서 다른 사람의 의견에 더 깊은 관심을 기울이고, 다른 의견을 존중하고, 구성원들의 능력과 기술을 파악하여 스스로 끄집어내어 활용해야 한다는 것이다(D. Kennedy, 김진주 외 옮김, 2008: 79-85). 이러한 관점은 인간중심적 리더십이라고 할 수 있다.

차이의 리더십에는 신뢰와 존경의 인간중심적 사고가 수반되어야 하다. 일련의 배타적인 원리들을 고수하는 데 반대하고 다양한 윤리적 가치들을 옹호하는 것이다. 다른 경험에서 창의적인 아이디어가 나올 수 있으며 작은 일이라도 다른 사람을 인정하고 칭찬하면 큰 변화를 유발할 수 있다는 것이다. 다양성을 존중하고 다양성에 의해 형성되는 갈등을 인정해야 한다. 사고하는 방식, 문제해결 방법, 정신적 능력, 일하는 습관, 경영방식, 인종, 문화 배경, 일반적 사고 등 다른 사고방식이나 가치관을 지닌 사람들끼리 함께 모여 협력을 모색할 때 놀라운 결과가 창출된다는 것이다. 이와 같이 차이의 리더십은 구성원 개개인의 다양성을 인정하고 이를 활용하여 성과 향상과 혁신을 이룩하는 리더십이다. 이는 M. Dalton의 말처럼 같은 역할이라도 행동과 지식은 달라야 하는 것이며, 자신의 강점을 채택해서 다르게 적용하는 '같지만 다른 것' 방식(M. Dalton 외, 차동옥 외, 2004: 55−56)을 통해 다문화의 이질성과 복합성에 적응할 수 있어야 한다.

외부지향적 리더십의 관점은 구성원들이 각기 다른 언어와 가치관, 충성심을 갖고 있는 다문화적인 조직에서 인간의 다양성과 그 강점으로부터 나오는 최고의 성과를 이끌어 내는 '글로벌 리더십(Global Leadership)'이다. 이러한 리더십은 문화력과 통합력을 축으로 하고 있다. 글로벌 리더는 다양한 문화적 방식으로 보고 듣고 생각하고 행동하고 운영할 수 있는 능력과 글로벌 리터레시(global lliteracy)의 구비, 자신감에 넘치면서도 타인의 문화를 수용하고 그 의견에 귀를 기울이고 배우는 개방성과 커뮤니케이션 능력이 요구된다. 또한 글로벌 리더는 글로벌 환경에 맞는 마음가짐과 태도인 글로벌 마인드(global mind), 이질적인 외국생활에 적응할 줄 아는 문화적응력(cultural adaptability), 문화환경에서 발생하기 쉬운 갈등을 극복하고 나와 다른 사람들을 다룰 줄 알며 궁극적으로 문화시너지를 창조할 수 있는 다양성 경영(managine diversity) 등의 능력을 구비해야 한다는 것이다(남상훈, 2006: 56-57). 이를 위해 글로벌 리더는 다문화적 안목, 국제적 지식기반, 글로벌 상상력, 즉 문화적 아이덴티티(identity)를 구비해야 한다.

오늘날 한국사회에서 요구되는 다문화주의 리더십은 우리의 윤리문화를 높게 평가하면서 동시에 다른 문화를 이해하는 데서 출발해야 한다. 우리의 문화를 강화하는 지식을 활용하고, 관계를 창조하고, 문화를 균형적으로 조화시킬 수 있어야 한다. 다문화적 리더는 우리의 윤리문화에 대한 솔직한 감정이 필요하며 국민적 자부심과 아울러 국민적 결점을 인식해야 한다.

이러한 관점에서 한국의 다문화 사회적 리더십의 발전을 위해 Kennedy의 차이의 리더십과 함께 백범 김구가 홍익인간의 이념에 입각한 민족 해방과 독립이라는 대의를 바탕으로 원만한 인간관계를 통해 다양한 가치와 이념을 포용하고 이를 하나로 묶어 냄으로써 범사회적인 지지와 민족의 단결을 이끌어 낸 리더십의 관계는 우리에게 많은 시사점을 주고 있다.

지금까지 살펴본 바와 같이 리더십의 윤리문화적 접근은 리더십을 단순히 리더와 구성원이 조직의 목표를 달성하는 수단이나 방법이라는 차원에서 벗어나 공존공생의 공동체적 삶의 원리에 따라 살아가는 윤리문화적 관계와 과정, 기술로 인식하는 것이다. 이러한 관점에서 윤리문화적 리더십은 리더와 추종자는 상의상관의 대등한 역할관계이며, 합리와 설득을 통해 공감과 조화를 이끌어 내는 가치변화와 창조의 과정이며, 자기완성을 통해 형성된 인격과 능력으로 구성원을 공감, 감화시키는 총체적인 기술이다. 이러한 조건을 충족할 때 리더십은 구성원의 자발적이고 헌신적이며 지속적인 행동을 이끌어 낼 수 있는 진정한 영향력을 도출할 수 있다는 관점이다. 리더십에 있어서 이러한 영향력이 발휘될 때 리더십은 개인적 문제는 물론 오늘날 한국사회의 복잡다단한 국가적 문제를 해결할 수가 있으며, 우리 사회에 팽배하고 있는 리더와 리더십에 대한 사회적 불신을 극복할 수 있음을 강조하고자 한다.

## ◦• 결언 •◦

　지금까지 우리는 리더십의 윤리문화적 접근에 대해 살펴보았다. 이러한 접근은 유효성과 실증적 방법에 기초한 기존의 리더십 이론이나 윤리나 문화로 범주화한 윤리적 또는 문화적 접근방법과는 분명히 차별화되는 것이다.

　리더십은 단순한 유효성 이상의 것으로서 리더십의 질이나 수준에 의해 결정된다. 훌륭한 리더십은 리더십의 유효성과 도덕성을 동시에 충족시키는 리더십이며 그러한 리더십의 질은 수단의 윤리성과 리더의 행동 목적의 윤리성에 의해 결정된다. 따라서 리더십은 윤리적 이상의 당위와 실제의 문화적 가치의 균형적 조화와 윤리적 실천이 요구되는 것이다. 이런 차원에서 기존의 실증적이고 양적인 연구방법에 의한 리더십 연구는 근본적으로 한계를 갖지 않을 수밖에 없다.

　리더십의 윤리문화적 접근은 리더십을 공동체적 삶의 원리에 바탕을 두고 구성원의 자기실현뿐만 아니라 공동목적의 구현에 헌신하도록 하는 진정한 영향력을 도출할 수 있어야 한다는 인식하에 리더십의 근본적인 실체에 대한 총체적인 접근이자 리더십의 윤리적 또는 철학적 토대에 대한 탐색이다. 이 책에서 시도하고 있는 리더십의 윤리문화적 접근은 오늘날 현대사회의 리더십에 대한 학문적 분석인 동시에 한국의 리더십 윤리문화에 대한 실천적 모색이라는 점에서 다음과 같은 두 가지 측면에서 중요한 의의를 갖는다고 할 수 있다.

먼저, 일반적인 의의로서 기존의 리더십 접근과 다른 윤리문화적 접근이라는 새로운 접근방법을 시도하고 있다는 사실 그 자체에 있다.

기존의 접근에서도 리더십의 당위나 실제의 문화적 가치에 초점을 둔 '윤리와 리더십' 또는 '문화와 리더십'이라는 주제에 대한 논의들이 전혀 없었던 것은 아니다. 그러나 이러한 논의는 대부분 윤리나 문화 안에서 리더십의 이론적 가치를 찾아내어 리더십의 효율성 문제를 해결하기 위한 하나의 대안을 제시하는 데 초점을 맞추고 있다. 그러나 여기서 제시하고 있는 윤리문화적 접근은 오늘날 리더십의 실제에서 근본적인 과제로 부각되고 있는 윤리적 곤궁과 윤리적 실천에 초점을 두고 있다. 이러한 리더십의 윤리문화적 접근은 리더가 되려면 도덕과 윤리를 기본 바탕으로 해야 한다는 점과 리더십 연구에 있어서 윤리적 이상의 당위와 실제의 문화적 가치를 반드시 고려해야 한다는 점, 그리고 진정한 리더십의 영향력을 발휘하기 위해서는 윤리적 이상의 당위와 실제의 문화적 가치와의 균형적 조화와 윤리적 실천이라는 윤리문화적 틀에 입각해야 한다는 점을 강조하고 있다. 이러한 접근은 아직 시론에 불과하지만 이러한 시도 자체가 현대 리더십 연구에 있어서 하나의 새로운 관점을 제시하고 있다.

다음으로, 학문적인 의의로서 리더십을 윤리문화학적인 관점에서 고찰함으로써 현대 리더십 이론에 대한 인문학적 영역과 범위를 확장하고 있다.

지금까지 리더십 연구는 리더의 행동 결과나 리더십의 유효성을 중심으로 한 사회과학적 차원의 실증적인 연구가 지배적이다. 한국의 리더십 연구도 전반적으로 이러한 유효성과 실증적 연구의 테두리를 벗어나지 못하고 있다. 특히 리더십에 대한 연구가 학문분야별로 진행됨에 따라 리더십에 대한 관점이나 대상이 편협하고 협소하여 리더십의 실체에 대한 총체적인 접근이 미흡한 실정이다. 따라서 리더십의 본질적인 실체에 대한 종합적인 접근과 리더십의 윤리문화적 현상의 내면을 심층적으로 제시하는 근원적인 연구의 필요성이 제기되고 있다. 이러한 차원에서 리더십의 윤리문화적 접근은 유효성 위주의 사회과학적 차원을 벗어나 윤리문화학이라는 인문학적인 관점에서 접근함으로써 리더십 연구에 있어서 인문학적 영역과 범위를 확대시키는 계기를 마련하고 있다.

아울러 현대 리더십의 인식과 연구 방법에 있어서 다음과 같이 몇 가지를 강조하자고 한다.

첫째, 리더십의 실체에 대한 근원적이고 종합적인 접근을 통해 기존의 리더십에 대한 근본적인 인식을 전환해야 한다.

리더십의 스타일이 어떠하든 리더는 조직과 집단 구성원들의 가치관, 사고방식, 행동 전반에 걸쳐 절대적인 영향을 미친다. 리더는 조직과 집단의 변화와 활동의 중심에 위치하고 집단의 의지를 통합하는 주도자로서의 역할을 수행하기 때문이다. 리더십은 집단 구성원으로 하여금 조직목표의 달성에 참여하는 행동을 이끌어 내는 성격 특성을 지니고 있다. 근본적으로 리더의 가치와 행위가 구성원에게 상호 영향을 미치고 있는 그 조직집단의 윤리문화를 형성하며, 형성된 윤리문화는 구성원의 가치와 행태를 조형하고 다시 리더의 가치와 리더십의 관행을 결정하게 된다. 더 나아가 이렇게 형성된 각각의 윤리문화는 다른 조직에 상호 영향을 미침으로써 더 넓은 차원에서 새로운 윤리문화를 추동시켜 가는 것이다. 리더십은 리더의 특정 또는 일부 요소의 단순한 기능적 활동이라기보다 리더와 구성원, 집단과 추구하는 목표, 그리고 사회의 공유된 윤리적 이상의 당위와 실제의 문화적 가치 등 공동체적 삶의 원리가 유기적으로 균형적 조화를 이루면서 역동적인 전체로 자동한다. 이러한 리더십 현상과 작동원리가 진정한 '리더십의 윤리문화'이다. 따라서 리더십의 윤리문화적 접근은 이러한 리더십의 근본적인 실체에 대한 인식을 전환하는 것이라고 할 수 있다.

둘째, 오늘날 리더십에 있어서 리더십의 윤리적 이상의 당위와 실제의 문화적 가치와의 괴리와 모순을 극복하는 방법을 발전시켜야 한다.

오늘날 우리 사회는 리더십의 실체를 정확하게 이해하지 못하고 있다. 대부분의 사람들은 리더십을 단순히 사람을 다루는 기술이나 리더만이 가져야 할 능력 정도로 이해하는 경향이다. 따라서 리더십 이론과 실제, 합리성과 윤리성의 모순, 구성원에 대한 영향력의 한계 등을 극복하지 못하고 있는 실정이다. 이러한 현상은 리더십 실체에 대한 근본적인 접근이 이루어지지 못한 데서 비롯된 것이다. 리더십은 본질상 리더와 추종자 및 구성원에게 영향력을 행사하여 자기실현과 공동의 목적을 구현시켜 나간다는 윤리문화적 성격을 갖고 있음에도 이에 대한 직·간접적인 논구는 소홀한 상태이다. 이러한 현상은 리더십의 당위와 실제, 이상과 문화 간에 괴리와 모순을 발생시키는 근본 원인이 되고 있다. 이러한 문제를 극복하기 위해서는 리더십의 윤리적 이상의 당위와 실제의 문화적 가치의 균형적 조화를 통해 달성할 수 있다. 즉 리더십의 보편성과 특수성, 유효성과 윤리성의 조화를 통해 진정으로 인류의 복지를 향상시키면서 자기와 타인, 그리고 공동체의 이익을 창출할 수 있는 해석과 비교, 평가의 준거와 원리를 정치하게 서술해 내어야 한다. 리더십 윤리를 단순한 상식의 범주에서 '가급적 지키면 좋은 것'으로 인식하는 것이 아니라 리더십에서 반드시 포함해야 할 핵심요소로서 도덕적 완전성의 절대적 표준을 설정하고 도덕적 판단들의 논리적 전제조건을 밝히는 등 리더십의 윤리적 이상의 당위와 실제의 문화적 가치에 대한 판단기준과 원칙을 정립해야 한다. 리더십의 윤리문화적 접근은 이러한 리더십의 작업에 있어 하나의 접근틀을 제시해 주고 있다고 할 것이다.

셋째, 미래사회의 발전추세에 부합하는 리더십 연구의 방법론을 개발해야 한다.

한국을 포함한 세계가 당면할 앞으로의 리더십 환경은 사회 전반에 걸쳐 정보화, 민주화, 다양화, 국제화에 따라 다양성, 합리성, 투명성, 개방성의 삶의 방식이 리더십의 패러다임에 영향을 미치게 된다는 것이다. 이에 따라 미래사회는 리더십에 있어서 유효성 못지않게 적실성이 보다 더 요구되고 있다. 여기서 적실성은 바로 윤리적 이상의 당위 영역이면서 윤리적 실제의 문화적 가치 영역이다. 리더십은 리더의 행동이나 의사결정의 원칙이나 지침이 윤리적이고 동시에 문화적으로 적실성을 담보할 수 있어야 한다. 리더십의 윤리는 사회적으로 적실성을 획득해야 함과 아울러 그 역할이나 활동이 사회로부터 수용되어야 한다. 리더를 따르는 구성원들의 행동 동기는 이익을 가져다주면서도 정당할 때에 적극적으로 행동한다. 이는 윤리적 이상의 당위와 실제의 문화적 가치를 균형적으로 조화하고 이를 윤리적으로 실천하는 윤리문화적 리더십으로 달성된다고 보는 것이다. 이런 차원에서 리더십의 윤리문화적 접근은 리더십의 진정한 영향력을 극대화시켜 미래사회의 리더십에 대한 적실성을 제고시키고 기존 리더십의 한계와 모순을 극복할 수 있는 하나의 접근모델이라고 할 수 있다.

결론적으로 리더십의 윤리문화적 접근은 오늘날 한국사회의 리더십에 있어서 적실성의 한계를 극복하고 아울러 리더십의 실제에서 공통적으로 제기되고 있는 윤리적 곤궁의 문제와 윤리적 실천 문제를 해결하기 위한 이론적, 실제직 작업을 신행시키는 데 적합한 연구모델이라고 할 수 있다. 이를 계기로 리더십의 윤리문화에 대한 실증적인 지표의 수집과 이론적 구조와 논리체계는 앞으로 지속적으로 발전시켜야 할 과제이다.

리더십은 그 원리를 이해하기는 쉽지만 이를 실행하기는 쉽지 않다. 훌륭한 리더는 리더십의 원리를 올바로 아는 것은 물론 이를 다양한 상황에서 올바로 적용하여 실천하는 능력을 갖고 있는 사람이다. 또한 유능한 리더는 리더의 자질, 행동, 상황에 의해 만들어질 수 있지만 훌륭한 리더는 전 인생에 걸쳐 자신을 다듬어 나가는 노력에 의해 만들어진다는 사실이다. 바람직한 리더십 윤리문화가 형성되기 위해서는 리더의 도덕적 수준이나 노력 못지않게 구성원의 도덕적 수준도 중요하다. 구성원의 도덕성은 리더의 도덕성에 강한 영향력을 미치기 때문이다. 또한 리더십의 윤리문화를 전반적으로 지지하고 지원하는 사회, 국가의 시스템도 아울러 확충되어야 한다.

끝으로, 한국의 리더십 윤리문화는 리더와 구성원, 그리고 우리 사회가 공동으로 만들어 나가야 할 하나의 '사회적 건축물'이며, 이는 누구의 책임이나 의무도 아닌 바로 나 자신의 책임과 의무라는 사실이다.

# 참고문헌

## 1. 국내문헌

### 1) 단행본

강재륜,『윤리학의 역사』, 서울: 대왕사, 1996.

금장태·유동식,『한국종교사상사 2(유교, 기독교편)』, 경기 파주: 한국학술정보, 2002.

김광수 외,『대학생과 리더십』, 서울: 학지사, 2003.

김 구,『백범일지』, 서울: 홍신문화사, 1974.

김규태,『한국인의 의식구조(상, 하)』, 서울: 문리사, 1972.

_____,『리더십의 한국학』, 서울: 신태양사, 1987.

_____,『동양인의 의식구조』, 서울: 신원문화사, 1985.

김대규,『H&C리더십』, 서울: 대왕사, 2009.

_____, 권경택·김승묵,『교양인을 위한 리더십』, 서울: 학문사, 2006.

김동화,『불교윤리학』, 서울: 보련각, 1999.

김만중,『조선왕조에서 배우는 군주 리더십』, 서울: 거송미디어, 2001.

김명교,『CEO 이순신 불멸의 리더십』, 서울: 은금나라, 2007.

김명훈,『리더십의 이론과 실제』, 서울: 대왕사, 1992.

김상웅,『백범 김구 평전』, 서울: 시대의 창, 2004.

김상현,『원효연구』, 서울: 민족사, 2000.

_____,『역사로 읽는 원효』, 서울: 고려원, 1994.

김성환,『K이론』, 서울: 한국능률협회, 1998.

김영철,『윤리학』, 서울: 학연사, 2002.

김윤경,『청소년을 위한 한국의 철학사』, 서울: 두리미디어, 2007.

김재은,『한국인의 의식과 행동양식』, 서울: 이화여대출판부, 1987.

김종두,『충·효·예 리더십』, 서울: 충효문화사, 1990.

김종서,『단군신화는 없었다: 사기·삼국유사·제왕운기 심층연구』, 서울: 민족문화, 2001.

김태길, 『윤리학』, 서울: 박영사, 1998.

남상훈, 『글로벌 리더십』, 서울: 인물과 사상사, 2006.

노언필, 『21세기 리더십의 새로운 패러다임』, 서울: 무역경영사, 2003.

노영란, 『도덕성의 합리적인 이해』, 서울: 철학과 현실사, 2001.

렁청진, 『유가의 인간학』, 김태성 옮김, 경기 파주: 21세기북스, 2008.

박병기, 『우리시대의 문화와 사회윤리』, 경기 고양: 인간사랑, 2003.

박재주, 『동양의 도덕교육 사상』, 서울: 청계, 2000.

박재호, 『자기개발 리더십』, 경기 파주: 생능출판사, 2007.

박충석, 『한국정치사상사』, 서울: 삼영사, 1982.

박현모, 『세종처럼』, 서울: 미다스북스, 2008.

백기복, 『이슈 리더십』, 서울: 창민사, 2000.

서상권, 『정보사회 시대의 가치관과 미래대비』, 서울: 비오스, 2005.

손보기, 『세종대왕과 집현전』, 서울: 세종대왕기념사업회, 1984.

서은숙, 『동양윤리 교육론』, 경기 파주: 한국학술정보, 2007.

손인수, 『한국인의 가치관』, 서울: 현암사, 1978.

신구범, 『리더십의 이론과 실제』, 서울: 형설출판사, 2007.

심우섭, 『한국 전통윤리사상의 재조명』, 서울: 이회, 2005.

신유근, 『한국의 경영』, 서울: 박영사, 1992.

_____, 『전통과 사람관리』, 서울: 서울대출판부, 2006.

신응철, 『문학철학과 문화비평』, 서울: 철학과 현실사, 2003.

신태균, 『변화의 리더십』, 서울: 21세기북스, 2003.

안종수, 『한국철학 사상의 이해』, 서울: 소강, 2003.

원한식, 『논어 리더십』, 전주: 전주대출판부, 2004.

유영대, 『선순환 리더십』, 서울: 박영사, 2004.

유태용, 『문화란 무엇인가』, 서울: 학연문화사, 2002.

유한동, 『리더십 이론과 실제』, 서울: 법문사, 1980.

윤태림, 『한국인의 성격』, 서울: 동방도서, 1986.

이강옥, 『대학 리더십』, 서울: 청람, 2005.

이면우, 『W이론으로 만들자』, 서울: 김영사, 1992.

이병도, 『역주 삼국유사』, 서울: 명문당, 2000.

이상오, 『리더십』, 서울: 연세대출판부, 2008.

이선호, 『이순신의 리더십』, 서울: 팔복원, 2001.

이재창, 『불교경전개설』, 서울: 현대불교신서, 1982.

이준형, 『리더와 리더십』, 서울: 인간사랑, 2002.

이한우,『세종, 그가 바로 조선이다』, 서울: 동방미디어, 2003.

이희영,『리더십의 이해』, 서울: 노벨인쇄 기획, 2006.

임동기,『4차원 셀프리더십』, 서울: 해피&북스, 2007.

임영정,『한국의 전통문화』, 서울: 아름다운 세상, 1998.

제정관,『리더십 포커스』, 서울: 교보문고, 2006.

전경일,『세종의 코드를 읽어라』, 서울: 한국경제신문, 2003.

정병조,『불교문화사론』, 서울: 한국불교연구원, 1988.

전영배,『한국사상의 흐름』, 경기 파주: 지구문화사, 2006.

정영윤,『한국의 Leadership』, 서울: 육군사관학교, 1978.

정우일,『리더와 리더십』, 서울: 박영사, 2006.

정주윤,『한국적 Leadership』, 서울: 육군사관학교, 1978.

조남욱,『세종대왕의 정치철학』, 부산: 부산대출판부, 2002.

조휘각,『한국정치사상사』, 경기고양: 인간사랑, 2004.

최기억,『세종대왕: 인간경영 리더십』, 서울: 이지북, 2004.

최염순,『카네기 인간경영 리더십』, 서울: 씨앗을 뿌리는 사람, 2005.

최익용,『리더다운 리더가 되는 길』, 서울: 다다아트, 2004.

_____,『리더십이란』, 서울: 스마트비즈니스, 2008.

최재석,『한국인의 사회적 성격』, 서울: 현음사, 1994.

한영우,『정도전 사상의 연구』, 서울대출판부, 1973.

황중연,『한국사상의 새길라잡이』, 서울: 박영사, 2003.

허남결,『공리주의 윤리문화 연구』, 서울: 화남, 2004.

_____,『밀의 공리주의』, 서울: 서광사, 2000.

현상윤,『조선사상사』, 서울: 민족문화사, 1978.

## 2) 공저 및 고전역서

권정호 외,『인간관계와 리더십』, 서울: 양서원, 2008.

김광억 외,『문화의 다학문적 접근』, 서울: 서울대학교, 1998.

김교환 외 옮김,『가치와 사회』, 서울: 교육과학사, 1994.

김달진·성낙훈·안병주·양대연 옮김,『퇴계집』, 서울: 민족문화추진회, 1966.

김응철·유승무·김영란 공저,『불교지도자론』, 서울: 솔바람, 2002.

김태길 외,『윤리의 이념』, 서울: 박영사, 1994.

김학주 역주,『대학·중용』, 서울: 서울대 출판부, 2001.

노승석 옮김,『이순신의 난중일기』, 서울: 동아일보사, 2008.

도진순 옮김,『백범일지』, 서울: 돌베게, 2002.

민병수 외 33, 『한국사상』, 서울: 우석, 2004.

박병기 · 추병완 공저, 『윤리학과 도덕교육』, 경기 고양: 인간사랑, 2002.

박종열 편저, 『제왕학』, 서울: 한국능률협회, 1983.

신응섭 외 5, 『리더십의 이론과 실제』, 서울: 학지사, 1999.

안외순 · 이상익 · 박병련 · 양동안 · 정윤재, 『유교적 리더십과 한국정치』, 서울: 한국정신문화연구원 편, 2002.

이기영 외 7, 『한국인의 윤리사상사』, 서울: 학문사, 2000.

이기호 옮김, 『정약용의 목민심서』, 서울: 현암사, 1977.

이장우 · 이민화, 『흔경영』, 서울: 김영사, 1994.

정윤재 외, 『세종과 재상 그들의 리더십』, 서울: 서해문집, 2010.

_____, 『세종의 리더십 형성과 전개』, 서울: 지식산업사, 2009.

차동옥 외, 『라이벌 리더십』, 서울: 크레듀, 2007.

_____, 『글로벌 리더십』, 서울: 위즈덤아카데미, 2004.

차재호 외, 『한국인의 성격』, 서울: 한국정신문화연구원, 1984.

허경진 옮김, 『난중일기』, 서울: 중앙북스, 2008.

한국철학사연구회, 『한국철학사상사』, 서울: 심산, 2005.

독립기념관 한국독립운동사연구소 편, 『김구선생혈투기』, 한국독립운동사 영인 교양총서, 국학자료원, 1946.

동국대 불교문화대학 편, 『불교사상의 이해』, 서울: 불교시대사, 2009.

동양사상연구원, 『한국의 사상가 10인』, 서울: 예문서원, 2002.

삼봉 정도전 선생 기념사업회 편, 『정치가 정도전의 재조명』, 서울: 경세원, 2004.

한국국민윤리학회 편, 『국민윤리학 개론』, 서울: 형설출판사, 1999.

## 3) 논문

강정훈, "정약용의 형정사상 연구", 동국대 박사학위 논문, 2007.

김대군, "공직자의 도덕적 해이현상에 대한 공공선택론적 분석", 『국민윤리연구』, 제60집, 한국국민윤리학회, 2005.

김민웅, "칸트의 '덕 이론'에 관한 연구: 덕과 도덕법칙의 관계를 중심으로", 동국대 박사학위 논문, 2007.

김석철, "한국의 리더십에 관한 연구", 전남대 석사학위 논문, 1981.

김호연, "한국의 리더십 모형에 관한 탐색적 연구: 백범 김구의 리더십을 중심으로", 서강대 박사학위 논문, 2006.

남기덕, "한국군 리더십의 모형과 발전방향", 화랑대 국제심포지엄, 1999. 10.

_____, "리더십 패러다임의 진화와 그 결정요인: 리더십의 ABC역량모델", 『한

국심리학회지: 사회 및 성격』, Vol.22, No.3, 2008.

_____, "한국군 리더십의 특성과 과제", 화랑대 국제심포지엄, 1995. 10. 20.

남정집, "이순신의 개혁활동과 리더십", 『한국행정사학지』, 제8권, 한국행정사학회, 2000.

도성달, "칸트철학의 사회윤리학적 이념", 『국민윤리연구』, 제5호, 한국국민윤리학회, 2000.

문용린·홍성훈·류숙희, "벡범 김구의 지적 개발 탐색-한 위인의 다중지능 분석보고서", 『아산재단 연구총서』, 제170집, 집문당, 2005.

박경규, "문화와 리더십", 『경영논총』, 제17-2집, 2007, 133.

_____, "가치관과 리더십 행위", 『경영연구』, 제39호, 한국경영학회, 1985.

_____, "경영학에서의 비교문화 접근법", 『경상논총』, 동국대 경영대학원, 1984.

박성배, "원효의 화쟁논리로 생각해 보는 남북통일 문제-원효사상의 현실적 전개를 위하여", 『동과 서의 사유세계』, 1991.

박유진, "한국적 리더십의 특성 연구", 『3사교 논문집』, 제60집, 2005.

_____, "리더십의 구성요소와 개발방안", 3사교 훈육발전세미나, 2001. 11. 23.

_____, "한국의 지휘통솔 교리의 개념과 구성체제", 교육사 연구보고서, 1999.

_____, "리더십 개발을 위한 교육방법", 충성대연구소 리더십개발 세미나, 2001. 12. 13.

박종훈, "윤리문화의 연구", 『국민윤리연구』, 제62집, 한국국민윤리학회, 2006.

_____, "공동체윤리문화와 시민사회윤리문화", 『국민윤리연구』, 제45호, 한국국민윤리학회, 2000.

_____, "윤리문화와 이데올로기", 『국민윤리연구』, 제45호, 한국국민윤리학회, 2000.

_____, "윤리문화 연구 시론", 『국민윤리연구』, 제37호, 한국국민윤리학회, 1997.

_____, "공동체주의의 자유주의 비판과 그 이론적 특성", 『동국논총(인문과학편)』, 제33집, 동국대 대학원, 1994.

배병삼, "조선시대 정치적 리더십론: 수기치인과 무위이치론을 중심으로", 『한국정치학회보』, 제31집, 제4호 한국정치학회, 1997.

백기완, "김구의 사상과 행동의 재조명", 송건호 외, 『해방전후사의 인식 1』, 한길사, 1989.

변순용, "공동체의 도덕적 책임에 대한 연구", 『윤리연구』, 제67집, 한국윤리학회, 2007.

서도원 외, "변혁적·거래적 리더십, 신뢰, 조직시민행동과의 관계에 관한 연구",

한국경영학회, 경영관련학회 통합학술대회논문집, 2001. 8.

서은숙, "『대학』의 수신적 지도자론", 동양고전학회,『동양고전연구』, 제34집, 2009. 3.

손문수, "한국적 리더십의 유효성 제고 방안", 고려대 석사학위 논문, 1998.

송선영, "Matthew Arnold의 윤리사상 연구 - 그의 윤리문화관을 중심으로", 동국대 박사학위 논문, 2007.

송재운, "일상언어속의 철학적 사유",『철학사상』별쇄본 제14집, 동국대학교, 1992.

신구범, "문화적 리더십에 관한 연구",『산경논집』, 제17집, 동의대 중소기업발전연구소, 2000.

_____, "문화적 리더십에 의한 조직혁신전략",『대한경영학회지』, 제15호, 대한경영학회, 1997.

_____, "한국인의 리더십 개념에 관한 연구",『대한경영학회지』, Vol.30, 대한경영학회, 2001.

신유근, "군 리더십 연구의 문화적 접근방안 고찰", 화랑대 국제심포지엄, 1999. 10. 29.

신철우, "윤리적 리더십 개발을 위한 기초이론의 탐색",『산업경영연구』, 제27권, 2호, 2004.

오세철, "집단 상호작용과 성과에 미치는 지도유형의 효과",『문화와 사회심리이론』, 서울: 박영사, 1979.

양운모, "김구와 백범일지",『한국학보』, 28권, 1호, 2002.

양인숙, "세계 보편적 리더십 이론을 적용한 한국의 리더십 차원의 규명에 관한 연구", 충남대 박사학위 논문, 2001.

윤준형, "유교적 리더십 탐색에 관한 연구", 부산대 석사학위 논문, 2004.

이경환, "한국인의 의식구조에 적응한 리더십의 유효성 제고방안", 호남대 석사학위 논문, 1994.

이기용, "21세기 정보화 시대의 리더십에 관한 연구", 경기대 석사학위 논문, 2000.

이도화·김정만, "국가문화 특성과 선호리더십 유형 및 선호 보상제도의 관계",『인적자원 관리연구』, 한국 인적자원 관리학회, 2000.

이문선, "우리의 의식구조와 리더십", 한양대 석사학위 논문, 1983.

이상철, "개방사회의 윤리적 경영에 대한 체계윤리적 이해",『국민윤리연구』, 제57호, 한국 국민윤리학회, 2004. 12.

이서행, "위난시대를 대비한 율곡과 충무공의 리더십",『이순신 연구논총』, 통권 제4호, 순천향대학교, 2005.

이소연, "한국의 리더십에 관한 연구-한국인의 의식구조를 중심으로", 공주대 석사학위 논문, 2005.

이재강, "윤리적 리더십에 관한 연구", 『공사논문집』, 제56집, 제2권, 2005.

장경환, "백범 김구의 정치사상 연구(1)-민족주의와 민주주의를 중심으로", 『부산정치학회보』, 21세기 정치학회, 1995.

장승희, "유교적 가치질서와 시민윤리 정립", 『윤리연구』, 제67집, 한국윤리학회, 2007. 12.

정병조, "원광의 보살계사상 연구", 『한국불교철학의 어제와 오늘』, 서울: 대원정사, 1995.

_____, "의상 화엄학의 제 문제", 『동양문화』, 제17집, 대구: 영남대학교, 1998.

정상진, "정보화사회와 한국의 신리더십에 관한 연구", 부산동의대 석사학위 논문, 1999.

정윤재, "세종위 천민/대천이물론과 보살핌의 정치", 『동양정치사상사』, 제8권 1호, 한국 동양정치사상사학회, 2009.

조남욱, 『세종의 정치철학에 관한 연구』, 성균관대 박사학위 논문, 1989.

조범래, "환국 이후 김구의 활동-민족통일운동과 관련하여", 『충북사학』, 제12권, 충북대 사학회, 2000.

조진만, "한국의 리더십 연구에 대한 성찰", 숙명여대 리더십개발원, 『숙명리더십연구』, 제2집, 2005.

조현봉, "현대 리더십 논의에 대한 윤리문화적 접근", 『윤리문화연구』, 제3호, 윤리문화학회, 2007.

최두환, "충무공 이순신의 리더십에 관한 연구-난중일기에 나타난 리더십 사례를 중심으로", 경남대 박사학위 논문, 2004.

최해진, "이순신 장군의 전략적 리더십", 『인적자원관리연구』, 제14권 제2호, 한국인적자원관리학회, 2007.

최상진, "한국인의 심리특성", 한국심리학회 편, 『현대심리학의 이해』, 학문사, 1996.

최연, "한국의 리더와 리더십", 『인사관리』, 통권 192호, 한국인사관리협회, 2005.

최익용, "한국형 '이심전심 리더십'의 모형구축에 관한 연구", 세종대 박사학위 논문(2006).

## 2. 외국문헌

### 1) 단행본

Bass, B. M., *Stogdill's Handbook of Leadership*(Rev. ed), New York: The Free Press, 1981.

_____, *Transformational Leadership: Industrial, Military, and Educational Impact,* Mahawah, N. J: Erabam, 1998.

Burns, James MacGregor, *Leadership*, New York: Harper & Row, 1979.

Ciulla, J. B., *The Ethics of Leadership,* Canada: Thomson Learning, Ins., 2003.

Conger. J. A. and R. N. Kanungo, *Toward of a Behavioral Theory of Charismatic Leadership in Organizational Settings*. Academy of Management, 12, 1987.

Fiedler, F. E., *A Theory of Leadership Effectiveness*, New York: McGraw Hill, 1967.

Gardner, J. W., *Leadership & Power*, Washington, D.C.: Independent Press. 1986.

Greenleaf, Robert K., *Servant Leadership: A Journey into nature of Legitimate Power and Greatness*, New York: Paulist, 1977.

Heifetz, R. A., *Leadership without Easy Answer*, Cambridge, MA.: Harvard University Press, 1994.

Hunter, James C., *The World's Most Powerful Leadership Principle: How to Become a Servant Leader*, Random House, Inc, 2004.

Kracke.W.H., *Force and Persuasion, headership in a AmazonianSociety*, chicagouniversity Press. 1978.

Locke, E. A. & 7 others, *The Essence of Leadership*, New York: exington—Macmillan. 1991.

McGregor D., *The Human Side of Enterprise,* McGraw—hill, Co., 1960.

Nahavandi, A., *The Art and Science of Leadership*, 3rd ed., New Jersey: Prentice Hall, 2003.

Northouse, P. G., *Leadership: Theory and Practice,* 3rd ed., London & New Delhi: Sage Publication, 2004.

Price, Terry L., *Understanding Ethical Failures in Leadership*, New York: Cambridge University Press, 2006.

Rawls, J., *A Theory of Justice*, Boston: Harvard University Press, 1971.

Rost, J. C., *Leadership for the Twenty—First Century*, New York: Praeger, 1991.

Sergiovanni, T. J., *Moral leadership: Getting to the Heart of School Improvement*, San Francisco: Jossey—Bass Publishers. 1992.

Sahakian. W. S., *Ethics: An Introduction to Theories and Problem,* New York: Barnes & Noble Books, 1974.

Starrat, Robert, *Ethical Leadership,* San Francisco: John Wiley & Sons, Inc, 2004.

Stodill, J. M., *Handbook of Leadership: A Survey of Theory and Research*, New York: Free Press, 1974.

Simon, H. A., *Adminustration Behavior*, The McMillan Company, 1945.

Taylor, E. B., *Primitive Culture: Researches into the Development of Mythology, Religion, Language, Art and Customs*, London: J. Murrary, 1871.

## 2) 논문

Bass, B. M., "From Transational to Transformational Leadership: Learning to Share the Vision", *Organizational Dynamics*, vol.18, 1990.

_____, "Ethics, Character, and Authentic Transformational Leadership Behavior", *Leadership Quarterly*, Vol.10, 1992.

Brady, F. N., "A Systematic Approach to Teaching Ethics in Business", *Journal of Business Ethics,* 199, Vol.19, 3.

Graham, J. W. "Servant—Leadership in Organizations: Inspirational and Moral", *Leadership Quarterly,* Vol.2, No.2, 1991.

House, R. J., "A 1976 Theory of Charismatic Leadership", In J. C. Hunt, & L. L. Larson(Eds.), *Leadership: The Cutting Edge*, Carbondale: Southern Illinois University Press, 1976.

House, R. J. and R. R. Mitchell, "Path—Goal Theory of Leadership", *Journal of Contemporary Business*, 3, 1973.

Kirkpatrick, S. A., and E. A. Locke, "Leadership: Do traits mater?" *The Executive,* 5, 1991.

Lutans, F., "Successful vs. Effective Real Manager", *Academy of Management Executive*, vol.2, no.2, 1998.

Mann, R. G. "A Review of the Relationship between Personality and Performance in Small Group", *Psychological Bulletin,* 56, 1959.

Stogdill, R. M., "Personal Factors Associated with Leadership: A Survey of the Literature", *Journal of Psychology,* 25, 1948.

E. B Tylor., *"Primitive Culture: Reserches in to the Development of Mythology, Religion, Language, Art and Customs"*, J. Murrary, 1871.

## 3. 번역문헌

Baum, Stephen H., 『리더수업: 성공에 이르는 최고의 경험』, 신현승 옮김, 서울: 다른 세상, 2009.

Bennis, Warren, 『워렌 베니스의 리더십 기술』, 김원석 옮김, 서울: 좋은 책 만들기, 2003.

_____, 『리더십의 디렘마: 리더의 인격과 비즈니스 현실의 조화』, 김정혜 옮김, 경기: 파주, 2009.

Bennis, Warren and Nanus Burt, 『리더와 리더십』, 김원석 옮김, 서울: 황금부엉이, 2005.

Carnegie, Dale, 『카네기 인간경영리더십』, 최염순 옮김, 서울: 씨앗을 뿌리는 사람, 2005.

Cawthon, David Lee, 『리더십의 철학』, 제정관 옮김, 서울: 철학과 현실사, 2006.

Chris, Lowney, 『위대한 기업 위대한 리더십』, 김이숙 옮김, 서울: 휴머니스트, 2004.

Chris, Lowney and Blanchard Ken, 『내안의 리더』, 조천재・정미우 옮김, 서울: 21세기 북스, 2009.

Cohen, Peter S, 『벨류 리더십』, 황해선 옮김, 경기 파주: 이콘, 200.

Covey, Stephen R., 『원칙중심의 리더십』, 김경섭・박장규 옮김, 서울: 김영사, 2001.

Maxine Dalton, 『글로벌 리더십』, 차동옥・이상호・장영철 옮김, 서울: 위즈덤 하우스, 2004.

Drucker Peter F., 『Next Society』, 이재규 옮김(한국경제신문, 2005).

Hodgkinson, C., 『리더십의 철학』, 주삼환・명제창 옮김, 파주: 한국학술정보, 2006.

Hunter, James C., 『서번트 리더십』, 김광수 옮김, 서울: 역시대의 창, 2006.

Rawls, J., 『사회정의론』, 황경식 옮김, 서울: 서광사, 1977.

Kennedy, Debbe, 『차이의 리더십』, 김진주・송희령 옮김, 서울: 위즈덤 하우스, 2008.

Kenry, Peterson and Grenny, Joseph, 『균형적 리더십』, 김휘경・이경미 옮김, 서울: 예문, 2004.

Konersman, R., 『문화철학이란 무엇인가』, 이상엽 옮김, 서울: 북코리아, 2006.

Lennick Doug, 『성공하는 사람들의 도덕지성』, 정준희 옮김, 서울: 북스넷, 2006.

Linton, Ralph, 『문화와 인성』, 전경수 옮김, 서울: 현음사, 1997.

Manz, C., Sims, J., 『슈퍼리더십』, 김남현 옮김, 서울: 경문사, 2002.

Martimiello, Marco, 『현대사회와 다문화주의』, 윤진 옮김, 서울: 한울, 2002.

Maxwel, John C., 『리더십의 법칙』, 강준익 옮김, 서울: 비전리더십, 2005.

_____, 『당신안에 잠재된 리더십을 키워라』, 강준민 옮김, 서울: 두란노, 1997.

Nahavand, Afsaneh, 『리더십-과학인가 예술인가』, 백기복·박홍식·신제구 옮김, 서울: 선학사, 2007.

Quinn, Robert E., 『리딩 체인지』, 최원종, 홍병문 옮김, 서울: 늘봄, 2005.

Rednet, Harry, 『윤리적 삶의 이해』, 박종훈·허남결 옮김, 경기 고양: 인간사랑, 2006.

Sahkian, William S., 『윤리학의 이론과 역사』, 송휘칠·황경식 옮김, 서울: 박영사, 2005.

Samuel, Smiles, 『인격론』, 정준희 옮김, 파주: 21세기 북스, 2005.

Turknett, Robert L., Carolyn N., 『품성리더십』, 안진환·허형은 옮김, 서울: 한국표준협회미디어, 2004.

Yucle, G. A., 『리더십의 이해』, 김대운 옮김, 서울: 삼성기획, 1996.

고야바시 가오루, 『피터 드러커 리더가 되는 길』, 남상진 옮김, 서울: 청림, 2004.

## 조현봉

영남대학교 정치외교학과를 졸업하고 한양대학교 행정대학원에서 석사과정을, 동국대학교 대학
원 윤리문화학과에서 박사과정(철학박사)을 수료하였다. 청년시절에는 훌륭한 리더는 뛰어난 리
더십 기술이 필요하다고 생각했지만 대학 강의와 학문연구를 계속하면서 올바른 리더십의 중요
성을 인식하게 되었다. 올바른 리더십은 윤리적 당위와 실제의 문화적 가치를 균형적으로 조화시
키고 이를 올바로 실천함으로써 진정한 영향력을 이끌어 내는 리더십이라고 할 수 있다. 현재는
한국의 리더십 윤리문화에 관심을 갖고 연구하고 있다.

대학교재 『정보사회 시대의 가치관과 미래대비』, 『정보사회 시대의 응용인성과 심신관리』의 집필
에 함께 했으며, 주요 논문으로는 "리더십 유형이 사기에 미치는 영향에 관한 연구"와 "리더십의
윤리문화적 접근 모형"등이 있다.

# 한국 리더십
# 윤리문화

초 판 인 쇄 | 2010년 11월 19일
초 판 발 행 | 2010년 11월 19일

지 은 이 | 조현봉
펴 낸 이 | 채종준
펴 낸 곳 | 한국학술정보㈜
주    소 | 경기도 파주시 교하읍 문발리 파주출판문화정보산업단지 513-5
전    화 | 031) 908-3181(대표)
팩    스 | 031) 908-3189
홈 페 이 지 | http://ebook.kstudy.com
E - m a i l | 출판사업부 publish@kstudy.com
등    록 | 제일산-115호(2000. 6. 19)

ISBN     978-89-268-1668-4 93330 (Paper Book)
         978-89-268-1669-1 98330 (e-Book)

내일을예는지식 은 시대와 시대의 지식을 이어 갑니다.

이 책은 한국학술정보㈜와 저작자의 지적 재산으로서 무단 전재와 복제를 금합니다.
책에 대한 더 나은 생각, 끊임없는 고민, 독자를 생각하는 마음으로 보다 좋은 책을 만들어갑니다.